Centre international d'études pédagogiques

Réussir le DELF

SCOLAIRE ET JUNIOR

A1

Marjolaine Dupuy
Catherine Houssa

didier   Cornelsen

Conception de la maquette intérieure et de la couverture : Solène OLLIVIER – Mise en page : Studio Bosson – Illustrations : Gabriel Rebufello, Solène Ollivier (p. 47) – Schemas/Docs : Studio Bosson – Photogravure : IGS – Crédits CD audio : Enregistrements, montage et mixage : Fréquence Prod – Musique : Funky Frenzy, composée par Bruno Pilloix, Kosinus, KMUSIK

© Les Éditions Didier Paris, 2009

In der Reihe „Fit für das DELF" sind noch erhältlich:

„Fit für das DELF A2": ISBN 978-3-06-520454-5

„Réussir le DELF scolaire et junior B1": ISBN 978-2-27-806580-6

„Réussir le DELF scolaire et junior B2": ISBN 978-2-27-806581-3

Die Transkriptionen und Lösungen befinden sich in den dazu gehörigen Lehrerhandreichungen:

„Fit für das DELF A1 Handreichungen für den Unterricht": ISBN 978-3-06-520453-8

„Fit für das DELF A2 Handreichungen für den Unterricht": ISBN 978-3-06-520455-2

„Réussir le DELF scolaire et junior B1 Guide pédagogique": ISBN 978-2-278-06454-0

„Réussir le DELF scolaire et junior B2 Guide pédagogique": ISBN 978-2-278-06455-7

Deutsche Ausgabe:

Redaktion: Lucie Drevon, Aschaffenburg – Layout: graphitecture book, Rosenheim

www.cornelsen.de

1. Auflage, 1. Druck 2009

Alle Drucke dieser Auflage sind inhaltlich unverändert und können im Unterricht nebeneinander verwendet werden.

© 2009 Cornelsen Verlag, Berlin

ISBN: 978-3-06-520452-1

Achevé d'imprimer en Italie en janvier 2010 par BONA - Dépôt légal : 6441/01

INHALTSVERZEICHNIS

Das Symbol 🔘18 gibt euch an, welchen CD-Track ihr hören müsst, um die Aufgabe zu lösen.

Vorwort

Jedes Jahr legen fast 200 000 Jugendliche im Alter von 12 bis 16 Jahren eine der beiden Prüfungen des DELF-Diploms „Scolaire" in nunmehr 164 Ländern ab. Auch in Deutschland erhalten immer mehr Schüler und Schülerinnen jedes Jahr ein DELF-Diplom. Mittlerweile zählt man hier jährlich über 40 000 Schüler und Schülerinnen, die sich zur DELF-Prüfung anmelden.

Die Reihe „Fit für das DELF" begleitet euch bis zum Erwerb der DELF-Prüfung. Diese Reihe ist mit einem doppelten Ziel konzipiert worden: euch zu helfen, das Diplom zu erlangen und eure Lehrer/innen bei ihrer Lehrtätigkeit zu unterstützen, damit ihr die notwendigen Fertigkeiten und Kompetenzen erwerbt.

Mit der DELF-Prüfung werden die vier Sprachkompetenzen (Hör- und Leseverstehen sowie mündlicher und schriftlicher Ausdruck) geprüft.

In dem vorliegenden Heft findet ihr sieben Kapitel, die euch dabei helfen, gezielt jede einzelne Fähigkeit zu trainieren. Ihr könnt also den Schwerpunkt selbst setzen.

- Vier Kapitel *Entraînez-vous* enthalten verschiedenartige Lernübungen zu den vier Sprachkompetenzen, die den Anforderungen der Niveaustufe A1 entsprechen.
- *Une année en France* ist ein Dossier, das zur Entdeckung oder Vertiefung von soziokulturellen Kenntnissen über Frankreich führt.
- Praktische Tipps zur Anmeldung, Vorbereitung und Durchführung der Prüfung.
- Eine DELF-Musterprüfung A1, die euch als Trainingseinheit dient.

Die beiliegende Audio-CD enthält alle Hördokumente. So könnt ihr selbstständig trainieren.

Am Anfang eines jeden Kapitels findet ihr eine gelenkte Aufgabe. Die darin enthaltenen methodischen sowie praktischen Tipps helfen euch dabei, die folgenden Übungen zu lösen. Am Ende eines jeden Kapitels habt ihr die Möglichkeit, eure Fähigkeiten selbst zu überprüfen, indem ihr euch anhand einer Checkliste selbst beurteilt.

Um mehr über das Leben in Frankreich zu erfahren, lest ihr im Dossier *Une année en France* eine Sammlung authentischer Dokumente, die euch zahlreiche Informationen zum Alltag von Jungendlichen in Frankreich geben. Auch hier habt ihr am Ende des Dossiers die Möglichkeit, in einem Quiz eure Kompetenzen im Leseverstehen konkret zu überprüfen.

Das Heft endet mit dem Beispiel einer DELF-Prüfung. Erlangt ihr 50 von 100 Punkten in der Gesamtwertung, würdet ihr das entsprechende DELF-Diplom erhalten.

Wenn ihr diese Test-Prüfung (*Épreuve blanche*) gelöst habt, kennt ihr auch das typische Aussehen und seid bestens auf die „echte" Prüfung vorbereitet.

Die staatliche DELF-Kommission und der Cornelsen-Verlag wünschen euch eine angenehme Lektüre, ein gutes Training und viel Erfolg bei der DELF-Prüfung.

Crédits photographiques et illustrations

COMPRÉHENSION ORALE
HÖRVERSTEHEN

Kompetenzerwartungen

✓ Ich kann vertraute und alltägliche Ausdrücke verstehen ebenso wie ganz einfache Äußerungen, die direkt, langsam und klar formuliert sind und die darauf abzielen, konkrete Bedürfnisse zu befriedigen.

Das bedeutet ...

✓ Wenn ich bei einem Gespräch zuhöre, kann ich es verstehen, wenn langsam gesprochen und sorgfältig artikuliert wird und wenn es lange Pausen enthält, die es mir erlauben, den Sinn zu erfassen.

✓ Wenn ich eine Durchsage oder eine mündliche Anweisung höre, kann ich sie verstehen, wenn sie langsam und sorgfältig ausgesprochen wird.

✓ Ich kann kurzen, einfachen Anweisungen folgen.

Beispiel für eine Situation

Der Lehrer / Die Lehrerin sagt zu den Schülern/ -innen:

„Attention, le cours de français de mardi de 9 heures est annulé. Vous aurez cours de français jeudi, de 9 heures à 10 heures."

Übung zum DELF A1

Die Informationen erkennen und im Übungsheft den Tag und den Zeitpunkt der nächsten Französischstunde notieren.

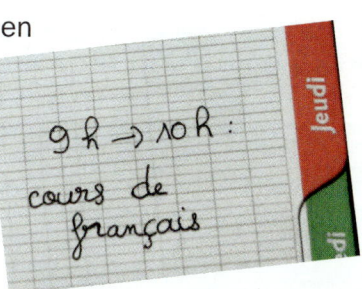

1 ERKENNEN

Was ist eine Hörverstehensübung?

Warum muss ich Tondokumente verstehen?

1. Um zu tun, was man mir sagt.

2. Um mich zu informieren.

3. Um einfache Anweisungen zu befolgen.

Welche Art von Tondokument kann ich hören?

· Durchsagen in der Öffentlichkeit.

· Nachrichten auf dem Anrufbeantworter.

· Mitteilungen im Radio.

· Unterhaltungen.

Beispiel:

Ihr hört ein Tondokument und entdeckt ein Beispiel für das Erkennen von Informationen, die ihr herausfinden sollt.

 Écoutez le message.

Erkennt die wichtigen Informationen:
• *pour s'inscrire…, composez*
• die Telefonnummer.

1. Que faut-il faire pour s'inscrire[1] à la piscine ?

❑ Écrire.

❑ Téléphoner.

❑ Aller à la piscine.

❑ Attendre un employé[2].

2. Le numéro de téléphone est le 03 90 01 …… 20.

Erkennt vor dem Hören die Stelle, wo Zahlen fehlen.

Antworte

Question 1 : téléphoner ist die einzige Aktion, die zu der Frage passt.
Question 2 : 45 ist die fehlende Zahl in der Telefonnummer.

1 s'inscrire à qc: *sich bei etw. anmelden* – 2 l'employé/e: *der/die Angestellte/r*

➡ INFORMATIONEN MIT ZAHLEN ERKENNEN

In den Übungen des DELF A1 wird oft von euch verlangt, einfache Informationen zu erkennen und sie aufzuschreiben. Dabei gibt es viele Fragen, die sich auf die Zahlen beziehen:

- Telefonnummer;
- Zug- oder Flugnummer;
- Zeitpunkt einer Verabredung;
- Alter;
- usw.

 ### Beginnen wir …

mit einer Übung in der ihr Zahlen unterscheiden sollt.
Vous allez entendre une série de chiffres[1]; pour chaque proposition[2], entourez[3] la réponse correcte.

	A	B	C	D	E	F	G
Réponse 1	80	105	67	89	71	72	66
Réponse 2	81	115	57	99	111	712	70

 ### Weiter geht's …

Écoutez et écrivez ce que vous entendez.

a. ....
b. ....
c. ....
d. ....
e. ....
f. ....
g. ....

Und jetzt …

 #### Situation 1

Vous allez entendre un petit dialogue ; lisez la question, écoutez et répondez en écrivant l'information chiffrée[4].

Quel âge a la grand-mère ?

...... ans

Situation 2

Vous allez entendre un message laissé sur un répondeur[5]; lisez la question, écoutez et cochez (☒) la bonne réponse.

À quelle heure arrive Rebecca ?

❑   ❑   ❑

---

1 le chiffre: *die Zahl* – 2 la proposition: *der Vorschlag* – 3 entourer: *einkreisen* – 4 l'information chiffrée *f.*: *die Zahlenangabe* – 5 le répondeur: *der Anrufbeantworter*

➡ LAUTE UND BUCHSTABEN ERKENNEN

Man kann auch von euch verlangen, Informationen bezüglich der Identität von Personen zu erkennen. Zum Beispiel den Nachnamen einer Person oder den Namen einer Stadt, einer Straße usw.

Hier sind zwei kleine Übungen zum Trainieren.

7 Quel est le bon nom ?

Vous allez entendre des noms propres[1]. Pour chaque proposition[2], entourez[3] la réponse correcte.

A		B		C		D		E	
1	2	1	2	1	2	1	2	1	2
MARIN	MARTIN	PAROUD	TAVOUD	VURET	FURET	DELMOTTE	DOLMETTE	PRAXI	PRASSI

8 De quelle rue parle-t-on ?

Vous allez entendre une petite conversation[4] ; lisez d'abord la question, écoutez et cochez (☒) la bonne réponse.

Comment s'appelle la rue ?

❑ Mourges.

❑ Vouches.

❑ Bourges.

❑ Bouches.

➡ DIE INTONATION

9 Vous allez entendre 5 phrases. Dites si vous entendez une question (**?**) ou une affirmation[5] (**?**).

	?	?
1	❑	❑
2	❑	❑
3	❑	❑
4	❑	❑
5	❑	❑

1 le nom propre: *der Familienname* – 2 la proposition: *der Vorschlag* – 3 entourer: *einkreisen* –
4 la conversation: *die Unterhaltung* – 5 l'affirmation *f.*: *die Aussage*

2 EINE DURCHSAGE VERSTEHEN

→ Gelenkte Übung

1 Die Anweisung

Vous allez entendre **deux fois** un document. Vous aurez **30 secondes de pause entre les deux écoutes**, puis 30 secondes pour vérifier[1] vos réponses. **Lisez d'abord les questions.**

> Lies die Anweisung gut durch. Drei wichtige Informationen sind gegeben. Lokalisiert sie.
> **1.** Lies die Fragen.
> **2.** Nach dem ersten Hören, beantworte die Fragen.
> **3.** Nach dem zweiten Hören, überprüfe die Antworten.

2 Die Fragen

Vous composez le numéro[2] de la piscine. Un message sur le répondeur[3] vous donne les informations.

1. À quelle heure ouvre la piscine pendant la semaine ?

❑   ❑   ❑   ❑

2. Quel jour la piscine est fermée ?

❑ Vendredi 3 septembre.   ❑ Lundi 30 septembre.

❑ Samedi 3 septembre.   ❑ Dimanche 30 septembre.

> Lest euch die Fragen und die vorgeschlagenen Antworten genau durch. Es sind zwei Fragen. Erkennt, worauf sich jede Frage bezieht (WER, WEM, WAS, WO, WANN, WIE VIEL, WIE?).

3 Das Anhören des Textes

> Hört euch den Text an.
> **1.** Erkennt die Informationen, die zu den Fragen gehören.
> **2.** Erkennt die Wörter, die diese Informationen geben.

4 Die Antwort

> Es gibt mehrere Strategien – ihr habt die Wahl.
> • Ihr beantwortet die beiden Fragen nach dem ersten Hören, indem ihr das Kästchen ankreuzt, das der richtigen Antwort entspricht und ihr überprüft nach dem zweiten Hören.
> • Ihr beantwortet die erste Frage nach dem ersten Hören und die zweite Frage nach dem zweiten Hören.

---

1 vérifier: *überprüfen* – 2 composer un numéro: *eine Nummer wählen* – 3 le répondeur: *der Anrufbeantworter*

→ À vous !

1. Dans des lieux publics[1]

 **Activité 1**

Vous allez chercher votre ami à la gare. Écoutez l'annonce[2] et répondez aux questions.

1. Quel est le numéro du train ?

❑ 4107
❑ 4807
❑ 4877
❑ 5177

2. D'où vient le train ?

❑ LYON
❑ MONTPELLIER
❑ PARIS

3. Le train va entrer en gare :

❑ VOIE B   ❑ VOIE C   ❑ VOIE D   ❑ VOIE G

 **Activité 2**

Vous êtes dans un grand magasin. Vous entendez cette annonce. Écoutez bien et répondez aux questions.

1. Combien de temps dure la promotion[3] ?

...... minutes.

2. Quel produit est en promotion ?

❑ A   ❑ B   ❑ C   ❑ D

3. Vous devez aller à quel étage ?

❑ 2e.
❑ 3e.
❑ 4e.

1 le lieu public: *der öffentliche Ort* – 2 l'annonce *f.*: *die Durchsage* – 3 la promotion: *das Sonderangebot*

2. Sur répondeur[1]

Activité 3

Vous téléphonez à l'école de musique de votre ville pour vous inscrire[2] à des cours de guitare. Écoutez le message et répondez aux questions.

1. Dans cette école, qu'est-ce que vous pouvez apprendre ?

❑ Le chant.   ❑ La flûte.

❑ Le violon.   ❑ L'accordéon.

2. Qu'est-ce que vous devez faire pour vous inscrire ?

❑ Téléphoner.   ❑ Vous déplacer[3].

❑ Écrire.   ❑ Envoyer un courriel[4].

Activité 4

Vous écoutez ce message sur le répondeur de votre téléphone portable. Répondez aux questions.

1. Madame David vous demande de garder son fils quel jour ?

❑ Lundi.   ❑ Mardi.   ❑ Mercredi.   ❑ Jeudi.   ❑ Vendredi.   ❑ Samedi.   ❑ Dimanche.

2. Complétez le numéro de téléphone de madame David.

06 ...... 35 27 65

Activité 5

Vous écoutez ce message sur le répondeur de votre téléphone portable. Répondez aux questions.

1. Thomas vous donne rendez-vous :

❑ à la maison.

❑ au lycée.

❑ au magasin de jeux vidéo[5].

2. Vous allez faire avec Thomas des exercices de :

❑ biologie.

❑ mathématiques.

❑ sciences physiques.

3. Après les devoirs, vous allez :

❑ écouter de la musique.

❑ jouer à un jeu vidéo.

❑ regarder un film.

1 le répondeur: *der Anrufbeantworter* – 2 s'inscrire à qc: *sich bei etw. anmelden* – 3 se déplacer: *vorbeigehen* – 4 le courriel: *die E-Mail* – 5 le jeu vidéo: *das Videospiel*

3. À la radio

🔊 16 Activité 6

Vous entendez cette publicité à la radio. Répondez aux questions.

1. Quels jours a lieu le Salon des jeux vidéo[1] ? *(2 réponses)*

❑ Lundi.   ❑ Mardi.   ❑ Mercredi.   ❑ Jeudi.   ❑ Vendredi.   ❑ Samedi.   ❑ Dimanche.

2. Il y a un concours[2] de :

❑ A   ❑ B   ❑ C

🔊 17 Activité 7

Vous entendez cette publicité à la radio. Répondez aux questions.

1. « École Plus » propose :

❑ des cours.
❑ des jeux.
❑ des livres.

2. Quel cadeau on peut avoir ?

❑ A   ❑ B   ❑ C

3. Pour s'inscrire[3], il faut :

❑ aller chez « École Plus ».
❑ envoyer un courriel[4].
❑ téléphoner.

---

1 le salon des jeux vidéo: *die Videospielmesse* – 2 le concours: *der Wettbewerb* – 3 s'inscrire à qc: *sich bei etw. anmelden* – 4 le courriel: *die E-Mail*

3 DIALOGE UND SITUATIONEN VERSTEHEN

Bei den Übungen 1, 2 und 3 der DELF-Prüfung kann manchmal von euch verlangt werden einen Dialog zu verstehen. Bei der Übung 4 des DELF sind die Hörtexte immer Dialoge, die entweder mit Bildern oder mit einer Frage verbunden sind.

→ Gelenkte Übung

1 Die Anweisung

Vous allez entendre plusieurs petits dialogues correspondant[1] à des situations différentes. Vous aurez 15 secondes de pause après chaque dialogue. Puis vous entendrez à nouveau les dialogues et vous pourrez compléter vos réponses.

Regardez d'abord les images[2].

Associez[3] chaque dialogue à une image.

Strategien
• Zunächst ist es wichtig, jedes Bild genau zu betrachten. Darauf sind verschiedene Situationen, dargestellt. Merkt sie euch. Wenn das geschehen ist, stellt euch darauf ein, euch den ersten Dialog anzuhören und ihn einer Situation zuzuordnen.
• Wenn ihr nicht wisst, welchem Bild er zuzuordnen ist, sucht nicht länger, sondern stellt euch auf das Anhören des zweiten Dialogs ein und so weiter.
• Ihr hört alle Dialoge noch einmal. Das erlaubt euch, eure Antworten zu vervollständigen.

A

B

C

D

E

F

2 Das Anhören des Dokumentes

3 Die Antwort

Dialogue 1	Dialogue 2	Dialogue 3	Dialogue 4	Dialogue 5

1 correspondre à qc: *etw. entsprechen* – 2 l'image *f.*: *das Bild* – 3 associer: *verbinden*

→ **Machen wir einen Versuch!**

Vous allez entendre un petit dialogue. Regardez d'abord les images[1] et lisez la question. Ensuite, écoutez le dialogue et cochez (☒) l'image qui correspond[2].

Qu'est-ce qui est interdit ?

❑ **1**

❑ **2**

❑ **3**

❑ **4**

1 l'image *f.: das Bild* – 2 correspondre à qc: *etw. entsprechen*

→ À vous !

1. Associer[1] une image[2] et un dialogue

Activité 8

Vous allez entendre plusieurs petits dialogues correspondant[3] à des situations différentes. Vous aurez 15 secondes de pause après chaque dialogue. Puis vous entendrez à nouveau les dialogues et vous pourrez compléter vos réponses.

Regardez d'abord les images.

Associez chaque dialogue à une image.

A

B

C

D

E

F

Dialogue 1	Dialogue 2	Dialogue 3	Dialogue 4	Dialogue 5

1 associer: *verbinden* – 2 l'image *f.*: *das Bild* – 3 correspondre à qc: *etw. entsprechen*

Activité 9

Vous allez entendre plusieurs petits dialogues correspondant[1] à des situations différentes. Vous aurez 15 secondes de pause après chaque dialogue. Puis vous entendrez à nouveau les dialogues et vous pourrez compléter vos réponses.

Regardez d'abord les images[2].

Associez[3] chaque dialogue à une image.

A

B

C

D

E

F

Dialogue 1	Dialogue 2	Dialogue 3	Dialogue 4	Dialogue 5

1 correspondre à qc: *etw. entsprechen* – 2 l'image *f.*: *das Bild* – 3 associer: *verbinden*

2. Comprendre de courts dialogues

 Activité 10

Vous allez entendre plusieurs petits dialogues correspondant[1] à des situations différentes. Vous aurez 15 secondes de pause après chaque dialogue. Puis vous entendrez à nouveau les dialogues et vous pourrez compléter vos réponses. Lisez d'abord les questions.

Situation 1

Qui parle ?	
Un copain.	
Un médecin.	
Un policier.	
Un professeur.	

Situation 4

On parle de qui ?	
D'un sportif.	
D'un chanteur.	
D'un homme politique[4].	
D'un acteur[5].	

Situation 2

Ça se passe où ?	
À l'école.	
À la bibliothèque.	
Au centre de loisirs[2].	
Au gymnase.	

Situation 5

On parle de quoi ?	
D'un disque.	
D'un film.	
D'un jeu vidéo[6].	
D'un livre.	

Situation 3

On parle de quoi ?	
D'un concert.	
D'un spectacle de danse.	
D'une exposition[3].	
D'une pièce de théâtre.	

 Activité 11

Vous allez entendre plusieurs petits dialogues correspondant à des situations différentes. Vous aurez 15 secondes de pause après chaque dialogue. Puis vous entendrez à nouveau les dialogues et vous pourrez compléter vos réponses. Lisez d'abord les questions.

Situation 1

On parle de quoi ?	
D'un examen[7].	
D'une leçon.	
D'une profession[8].	
Des études.	

Situation 4

Qu'est-ce qu'on demande ?	
Un chèque.	
Un diplôme.	
Un passeport[10].	
Une carte d'étudiant[11].	

Situation 2

Ça se passe où ?	
À la bibliothèque.	
À la librairie.	
À la papeterie[9].	
Au kiosque à journaux.	

Situation 5

On est où ?	
À l'école.	
À la bibliothèque.	
Au centre commercial[12].	
Au musée.	

Situation 3

On parle de quoi ?	
De géographie.	
De sport.	
Des examens.	
Des vacances.	

1 correspondre à qc: *etw. entsprechen* – 2 le centre de loisirs: *das Freizeitheim* – 3 l'exposition f.: *die Ausstellung* – 4 l'homme / la femme politique: *der/ die Politiker/in* – 5 l'acteur/-trice: *der/die Schau-spieler/in* – 6 le jeu vidéo: *das Videospiel* – 7 l'exa-men m.: *die Prüfung* – 8 la profession: *der Beruf* – 9 la papeterie: *das Schreibwarengeschäft* – 10 le passeport: *der Reisepass* – 11 la carte d'étudiant: *der Studentenausweis* – 12 le centre commercial: *das Einkaufszentrum*

4 EINEN DIALOG VERSTEHEN

→ Gelenkte Übung

❶ Die Anweisung

Vous allez entendre deux fois un petit dialogue. Vous aurez 30 secondes de pause entre les deux écoutes puis 30 secondes pour vérifier[1] vos réponses. Lisez d'abord les questions.

Lest die Aufgabe genau durch. Nehmt euch dafür Zeit. Erkennt die Schlüsselwörter der Aufgabe.
1. Aufgabe lesen
2. Vor dem Hören die Fragen lesen
3. Zweimaliges Hören
4. Zwei Mal 30 Sekunden Pause
5. Antworten

❷ Die Fragen

1. Qui téléphone ?

❏ Karine.
❏ Théo.
❏ La sœur.
❏ Le copain.

2. Quand est-ce que les amis vont se rencontrer ?

❏ Le mercredi.
❏ Le jeudi.
❏ L'après-midi.
❏ Le soir.

3. Où est le rendez-vous ?

❏ Chez Karine.
❏ Chez Théo.
❏ Devant la piscine.
❏ Dans le hall[2] de la piscine.

Worauf bezieht sich die jeweilige Frage?
• Erkennt das Schlüsselwort jeder Frage und lest dann die vier Antwortmöglichkeiten.

❸ Das Anhören des Dokumentes

Das Anhören des Dialogs wird geleitet von dem, was bei der Aufgabe und beim Lesen der Frage verstanden wurde. WER macht WAS? WANN? WO? WIE?
• Erkennt die Informationen, die den Fragen entsprechen.

❹ Die Antwort

Jetzt ist es an euch eine Strategie zu wählen.
• Versucht auf die vier Fragen nach dem ersten Hören zu antworten, indem ihr das Kästchen mit der richtigen Antwort ankreuzt und überprüft das nach dem zweiten Hören.
• Beantwortet einen Teil der Fragen nach dem ersten Hören und vervollständigt eure Antworten nach dem zweiten Hören.

1 vérifier: überprüfen – 2 le hall: die Eingangshalle

→ À vous !

Activité 12

Écoutez le petit dialogue et répondez aux questions.

1. Qui parle à Jérémie ?

☐ Son père.

☐ Son professeur.

☐ Un copain.

☐ Un employeur[1].

2. Qu'est-ce que le jeune homme demande ?

☐ Un renseignement[2].

☐ Un travail.

☐ Un vélo.

☐ Un rendez-vous.

3. Que va faire Jérémie ?

☐ Apporter des pizzas.

☐ Faire visiter la ville.

☐ Préparer des repas.

☐ Réparer[3] des vélos.

Activité 13

Écoutez le petit dialogue et répondez aux questions.

1. Qui parle ?

☐ Une mère et son fils.

☐ Un professeur et son élève.

☐ Une vieille dame et un jeune homme.

☐ Une vendeuse et un client.

2. Quel est le problème ?

☐ Le volume[4] de la musique.

☐ Le choix[5] de la chanson.

☐ La voix[6] de l'homme.

☐ Le bruit[7] de la rue.

3. Où ça se passe ?

☐ Dans la rue.

☐ Dans le bus.

☐ Dans un magasin.

☐ À l'école.

1 l'employeur/-euse: *der/die Arbeitgeber/in* – 2 le renseignement: *die Auskunft* – 3 réparer: *reparieren* –
4 le volume: *die Lautstärke* – 5 le choix: *die Wahl* – 6 la voix: *die Stimme* – 7 le bruit: *der Lärm*

SELBSTEINSCHÄTZUNG

Ich verstehe mir vertraute Wörter und sehr geläufige Ausdrücke, die sich auf mich, meine Familie und die konkrete unmittelbare Umgebung beziehen dann, wenn die Leute langsam und deutlich sprechen.			
Zum Beispiel:	☺	😐	☹
Ich kann die wesentlichen Informationen einer öffentlichen Durchsage (die Ankunfts- oder Abfahrtszeit, den Herkunfts- oder Zielort, die Bahnsteignummer des Zugs) erkennen.			
Ich kann eine einfache Nachricht auf einem Anrufbeantworter (den Tag einer Verabredung, eine Telefonnummer) verstehen.			
Ich kann eine einfache Werbedurchsage im Radio verstehen.			
Ich kann einen kurzen Dialog grob verstehen und ihn einer Situation zuordnen.			
Ich kann einen kurzen Wortwechsel zwischen zwei Personen verstehen (Wer spricht? Welche Situation liegt vor?).			

COMPRÉHENSION ÉCRITE LESEVERSTEHEN

Kompetenzerwartungen

✓ Ich kann vertraute Namen, Wörter sowie sehr einfache Sätze z. B. in Anzeigen, Plakaten oder Katalogen verstehen.

Das bedeutet ...

✓ Wenn ich eine schriftliche Mitteilung lese, kann ich eine einfache kurze Nachricht, z. B. auf einer Postkarte, verstehen.

✓ Wenn ich einen informativen Text lese, kann ich den Inhalt im Großen und Ganzen verstehen, besonders wenn er von einem Bilddokument begleitet wird.

✓ Wenn ich mich orientieren will, kann ich einfachen kurzen Hinweisen folgen.

Beispiel für eine Situation

Ihr wollt ein im Handel schwer zu findendes Videospiel kaufen, also schaut ihr euch die Anzeigen im Internet an.

Übung DELF A1

In den Anzeigen nützliche Information finden, um im Internet einzukaufen:

Cédérom PC	
Les Sims 2 – Kit Joyeux Noël	**19,99 €**
Retrouvez les Sims en vacances à la neige et une nouvelle gamme d'objets, de vêtements et de décorations de saison…	**En stock**
Éditeur : Electronic Arts Référence article : 380206	**Ajouter au panier**

1 ERKENNEN

Was ist eine Übung zum Leseverstehen?

Warum muss ich Texte lesen?

- um zu verstehen, was man mir schreibt;
- um mich in der Öffentlichkeit zu orientieren;
- um mich zu informieren;
- um einfache Anweisungen zu befolgen.

Wie kann man diese Texte schnell verstehen?

Zwei Situationen

Im täglichen Leben	In der DELF-Prüfung
1. Einen Text grob verstehen.	**1.** Einen Text grob verstehen um zu wissen, welche Textart es ist (Ansichtskarte, Plakat, Annonce …). Nehmt auch die Abbildungen zu Hilfe.
2. Den Text ein erstes Mal lesen.	**2.** Den Text ein zweites Mal lesen um den allgemeinen Sinn des Textes herauszufinden (einen Rat geben, eine Auskunft erbitten …).
3. Die Schlüsselwörter erkennen.	**3.** Die Fragen lesen um zu wissen, welche Informationen gefunden werden müssen (Wer? Wem? Wann? Wo? Wie? Was? Wie viel? Warum? …).
4. Reagieren.	**4.** Den Text ein zweites Mal lesen um die Schlüsselwörter herauszufinden, die die gewünschten Informationen liefern.

➡ DIE TEXTARTEN ERKENNEN

Hier sind die Textarten, die ihr im wirklichen Leben und bei den DELF A1-Prüfungen zu lesen bekommt:

- Schriftverkehr: Brief, E-Mail, Ansichtskarte, Glückwunschkarte, Geburts- oder Hochzeitsanzeige;
- SMS: von einem Freund hinterlassene Nachricht, Post-it;
- Plakate;
- Eintrittskarten (Museum, Konzert, Spiel), Fahrkarten und Flugtickets;
- Werbung und Prospekte;
- Werbetafeln (am Bahnhof oder Flughafen);
- Kleinanzeigen;
- Programme: Fernsehen, Kino, Rundreisen.

Hier siehst du einige dieser Textsorten …

Reliez[1], comme dans l'exemple, le nom encadré à l'image[2] qui lui correspond[3]. Dites quels indices visuels[4] vous permettent d'identifier chaque document.

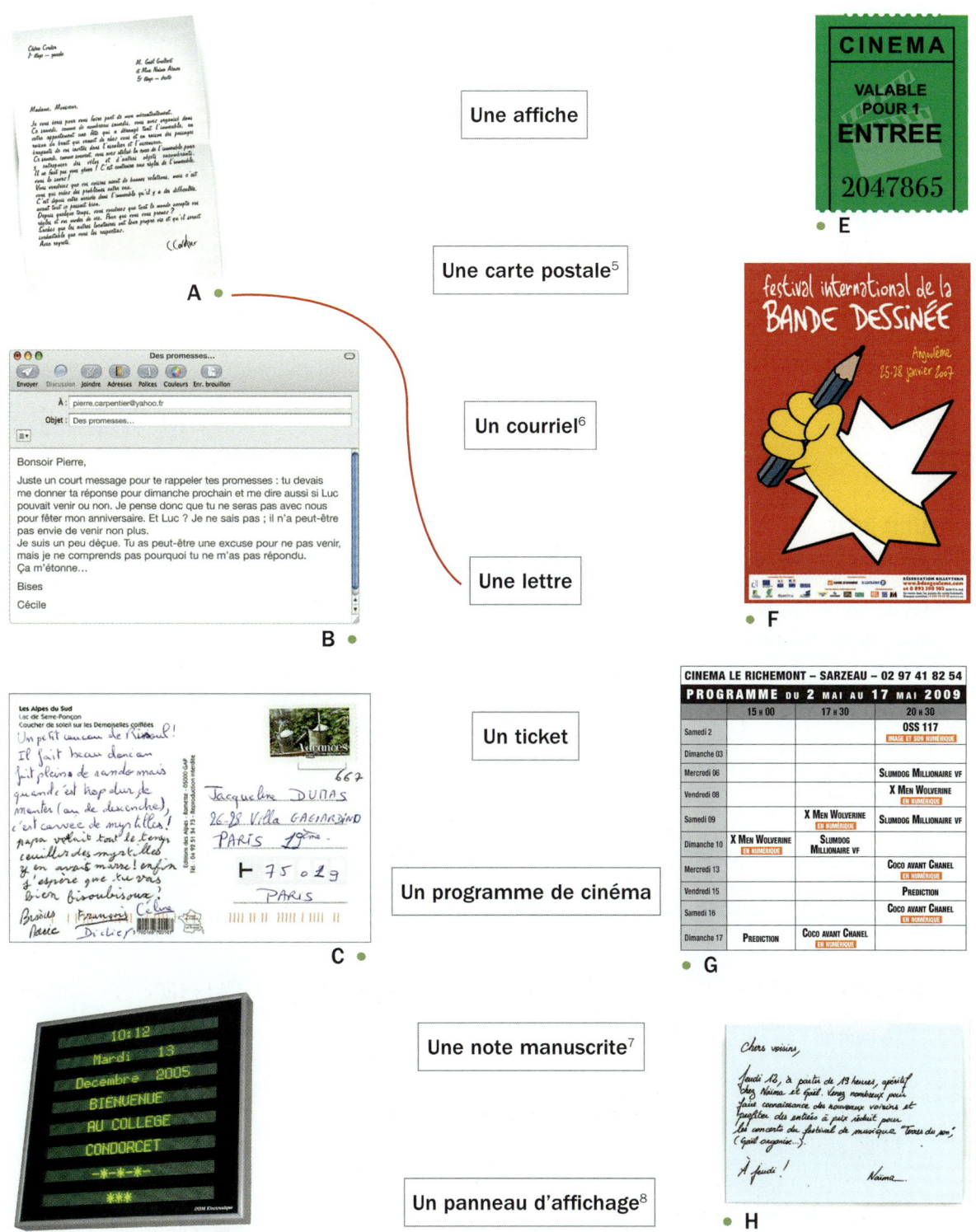

A	Une affiche	**E**
B	Une carte postale[5]	**F**
	Un courriel[6]	
	Une lettre	
C	Un ticket	**G**
	Un programme de cinéma	
D	Une note manuscrite[7]	**H**
	Un panneau d'affichage[8]	

1 relier: *verbinden* – 2 l'image *f.*: *das Bild* – 3 correspondre à qc: *etw. entsprechen* – 4 l'indice visuel *m.*: *das optische Indiz* – 5 la carte postale: *die Postkarte* – 6 le courriel: *die E-Mail* – 7 la note manuscrite: *die handgeschriebene Notiz* – 8 le panneau d'affichage: *die Anzeigetafel*

➡ **INFORMATIONEN ERKENNEN**

Beginnen wir …

Voici deux lettres : la première est amicale, la seconde officielle. Soulignez[1], dans chaque lettre, les indices qui permettent[2] de les différencier[3].

Salut,

Comment ça va ? Je rentre de vacances demain soir, j'ai beaucoup de choses à te raconter ! Et j'ai aussi un petit souvenir pour toi !
On peut se voir mercredi ?

Réponds-moi vite. Gros bisous, et à très bientôt, j'espère !

Fred

Monsieur,

Vous êtes inscrit au DELF A1 pour la session de mai 2009. Veuillez trouver ci-dessous vos dates d'examen :
– épreuves collectives : lundi 12 septembre à 9 h 30 ;
– épreuve orale individuelle : lundi 12 septembre à 11 heures.

Sincères salutations,

Le chef de centre DELF-DALF

Und jetzt …

Vous êtes en vacances et vous écrivez deux lettres : la première à votre correspondante française, la seconde à votre professeur de français. Malheureusement, votre petit frère renverse[4] une bouteille de jus de fruit sur les lettres. Certains mots ou morceaux de phrases sont effacés[5] et vous devez les réécrire. Placez les éléments ci-dessous au bon endroit[6].

bisous	à bientôt	à toi	vous allez bien
je vous envoie	coucou	cher	vas-tu

Bastia, le 10 juillet 2009,

.... Olivia,

Je suis en vacances en France et c'est super.

Comment .... ?

Ici, il fait beau et je m'amuse beaucoup.

Je pense beaucoup ....

....

Elisabeth

Bastia, le 10 juillet 2009,

.... Monsieur,

Je suis en vacances en France et c'est formidable.

J'espère que ....

Ici, il fait beau et je m'amuse beaucoup.

.... une photo de la plage.

....

Elisabeth

---

1 souligner: *unterstreichen* – 2 permettre: *ermöglichen* – 3 différencier: *unterscheiden* – 4 renverser qc: *etw. verschütten* – 5 effacé/e: *verwischt* – 6 l'endroit *m.*: *die Stelle*

2 ORIENTIERENDES LESEN

→ Gelenkte Übung

1 Der Text

△
   Schaut euch die Abbildung genau an, um zu erkennen, um welche Textart es sich handelt.

2 Die Anweisung

Votre correspondant vous invite à aller voir un match de rugby. Répondez aux questions.

△
   Lest euch die Arbeitsanweisung genau durch. Was wird verlangt? Findet auf der Eintrittskarte die Informationen zur Beantwortung der Fragen.

3 Die Fragen

1. À quelle heure commence le match ? ....

△
   • Um Uhrzeiten anzugeben, verwendet man in Frankreich Zahlen, die durch den Buchstaben H (groß oder klein geschrieben) getrennt werden.
   • Auf der Eintrittskarte findet man diese Information oben, neben dem Datum.

2. Quel est le numéro de votre place ? ....

△
   Der Platz, das ist die Nummer des Sitzplatzes auf dem man im Stadion sitzt. Auf der Eintrittskarte sind mehrere Zahlenkombinationen: Diejenige, die uns interessiert, befindet sich unter dem Wort „place".

3. Combien coûte le billet ? ....

△
   Diese Frage bezieht sich auf den Preis. Zwei Hinweise helfen euch die Antwort zu finden: das Wort *tarif* und der Buchstabe E (sowie oft das Zeichen Đ), für „Euro".

Antworte

Question 1 : 17 heures 30.   Question 2 : 133.   Question 3 : 30,50 euros.

→ À vous !

Activité 1

Regardez le plan.
Indiquez[1] dans le tableau
ci-dessous la lettre qui correspond[2]
aux endroits[3] où va Dorian.

Dorian sort de l'école boulevard des Lilas (H).
À 18 heures, après les cours, il a rendez-vous avec son cousin
Matéo devant le supermarché, rue Moulin. C'est dans une heure ; il a donc le temps de :

		Lettre
1	passer à la boulangerie, rue du Chemin vert.	
2	regarder les dernières consoles de jeux[4], rue du Lac.	
3	dire bonjour à ses copains au jardin public.	
4	retrouver Matéo au supermarché, rue Moulin.	

Activité 2

Voici le programme de télévision d'un magazine français.

Répondez aux questions en cochant (☒) la bonne réponse.

TF1	**france 2**	**france 3**	**Canal+**	**arte**	**M6**
20:50	20:35	20:35	20:50	20:45	20:40
Film	*Film*	*Téléfilm*	*Sport*	*Thématique*	*Magazine*
La Guerre des mondes	**Orgueil et préjugés**	**La Blonde au bois dormant**	**Monaco/ Marseille**	**Thema**	**Capital**

1 indiquer: *eintragen* – 2 correspondre à qc: *etw. entsprechen* – 3 l'endroit *m.*: *der Ort* – 4 la console de
jeux: *die Spielkonsole*

1. C'est un programme pour :

   ❑ le matin.

   ❑ l'après-midi.

   ❑ le soir.

2. Sur quelle chaîne[1] on peut voir du sport ?

   ❑ **TF1**

   ❑ **Canal+**

   ❑ **arte**

3. À quelle heure commence le film *Orgueil et préjugés* ?

   ❑ 20 h 35.

   ❑ 20 h 45.

   ❑ 20 h 50.

Activité 3

Votre correspondant va à un concert. Voici son billet. Répondez aux questions.

1. C'est le concert de qui ?

   ....

2. À quelle heure commence le concert ?

   ....

3. Combien coûte le billet ?

   ....

1 la chaîne: *der Kanal*

Activité 4

Vous allez de Paris à Rennes. Voici votre billet de train. Répondez aux questions.

1. Vous arrivez au Mans à :

❑ 17 h 28.

❑ 19 h 45.

❑ 20 h 02.

2. Au Mans, vous devez monter dans quelle voiture du train ?

❑ 2.

❑ 7.

❑ 47.

3. Vous arrivez à Rennes avec le TGV numéro :

❑ 2880.

❑ 8205.

❑ 16757.

4. Quel est le prix du billet ?

.... euros.

3 ANWEISUNGEN LESEN

→ **Gelenkte Übung**

1 Die Textvorlage

Le quatre-quarts

1. Casse les œufs dans le saladier.
2. Ajoute la farine et le sucre.
3. Ajoute un morceau de beurre.
4. Mélange le tout avec un fouet.
5. Prends un moule et verse la pâte dedans.
6. Mets dans le four pendant 30 minutes.

△
- Schaut euch die Vorlage an um den Text zu identifizieren: Es handelt sich um ein Küchenrezept. Darin werden euch Anweisungen erteilt.
- Um Anweisungen zu erteilen verwendet man den Imperativ (Befehlsform): Entdeckt ihn in der Vorlage.

2 Die Anweisung

Voici la recette illustrée du quatre-quarts : écrivez sous chaque dessin le numéro de l'action qui correspond[1].

△
Lest euch die Arbeitsanweisung genau durch. Was wird verlangt? Es geht darum, in der Textvorlage die Anweisung zu finden, die dem Bild entspricht und die Nummer unter das Bild zu schreiben. Sucht die Schlüsselwörter heraus.

A   N° ....

B   N° ....

C   N° ....

D   N° ....

E   N° ....

F   N° ....

Antworte

A5 – B4 – C2 – D3 – E6 – F1

1 correspondre à qc: *etw. entsprechen*

→ **À vous !**

Activité 5

Ces dessins présentent[1] les gestes qu'il faut faire pour apporter les premiers secours[2] après un accident[3]. Observez-les[4] et, pour chaque phrase, mettez une croix (☒) dans la colonne *Vrai* ou *Faux*.

	Vrai	Faux
1. Je transporte le blessé[5].		
2. Je protège[6] le blessé du froid.		
3. Je téléphone aux services de secours.		
4. Je donne à boire au blessé.		

Activité 6

Voici des conseils à suivre pour une balade en montagne. Répondez aux questions en cochant (☒) la bonne réponse.

——————————— **Conseils à suivre en montagne** ———————————

❑ **A.** Consulter la météo.

❑ **B.** Préparer son itinéraire.

❑ **C.** Ne pas partir seul.

❑ **D.** Être bien équipé.

1 présenter: *darstellen* – 2 apporter les premier secours *m. pl.*: *die erste Hilfe leisten* – 3 l'accident *m.*: *der Unfall* – 4 observer: *beobachten* – 5 le/la blessé/e: *der/die Verletzte* – 6 protéger: *schützen*

1. Avant de partir, il faut s'informer sur :

    ❏ le temps[1] qu'il va faire.

    ❏ la durée[2] de la marche.

    ❏ la longueur de la route.

2. Il est important de :

    ❏ regarder son chemin sur une carte.

    ❏ partir très tôt.

    ❏ suivre la direction[3] du vent.

3. En montagne, il faut toujours :

    ❏ partir avec d'autres personnes.

    ❏ sortir avec un animal de compagnie[4].

    ❏ se promener tout seul.

Activité 7

Vous lisez ce document chez votre correspondant français. Répondez aux questions.

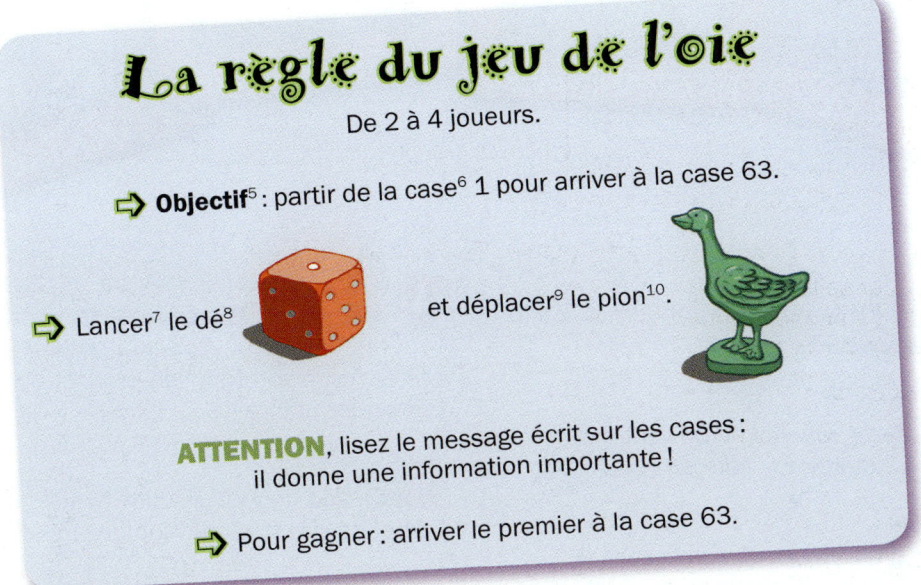

La règle du jeu de l'oie

De 2 à 4 joueurs.

➡ **Objectif[5]** : partir de la case[6] 1 pour arriver à la case 63.

➡ Lancer[7] le dé[8]   et déplacer[9] le pion[10].

ATTENTION, lisez le message écrit sur les cases : il donne une information importante !

➡ Pour gagner : arriver le premier à la case 63.

1. Combien de personnes au maximum peuvent jouer au jeu de l'oie ?

....

2. Dans ce jeu, il faut :

    ❏ avancer[11] jusqu'à la case 63.

    ❏ marquer[12] 63 points.

    ❏ répondre à 63 questions.

3. Sur chaque case, il y a :

    ❏ un texte.

    ❏ un dessin.

    ❏ un numéro.

1 le temps: *das Wetter* – 2 la durée: *die Dauer* – 3 la direction: *die Richtung* – 4 l'animal de compagnie *m.*: *das Haustier* – 5 l'objectif *m.*: *das Ziel* – 6 la case: *das Feld* – 7 lancer: *werfen* – 8 le dé: *der Würfel* – 9 déplacer: *bewegen* – 10 le pion: *der Stein* – 11 avancer: *sich vorwärts bewegen* – 12 marquer: *hier: sammeln*

Activité 8

Vous lisez la règle du jeu des sept familles. Répondez aux questions en cochant (☒) la bonne réponse.

1   Mélanger[1] et distribuer[2] six cartes par joueur[3].

2   Les joueurs ne doivent pas montrer leurs cartes aux autres.

3   Un joueur **A** commence : il demande au joueur **B** une carte qui l'intéresse pour compléter une de ses familles.

4   Si le joueur **B** a cette carte, il la donne au joueur **A**. S'il n'a pas la carte, c'est à son tour[4] de jouer et de demander une carte.

5   Quand un joueur a une famille complète, il la pose devant lui.

6   Le gagnant est celui qui a le plus grand nombre de familles.

1. Chaque joueur doit avoir :

    ❑ 7 cartes.
    ❑ 1 carte.
    ❑ 6 cartes.

2. Que faut-il faire ?
    ❑ Faire des familles de cartes.
    ❑ Présenter ses cartes aux autres.
    ❑ Donner une carte à chaque joueur.

3. On gagne quand :

    ❑ on a les cartes d'une même famille.
    ❑ un des joueurs n'a plus de cartes.
    ❑ on a plus de familles que les autres.

1 mélanger: *mischen* – 2 distribuer: *verteilen* – 3 le/la joueur/-euse: *der/die Spieler/in* – 4 C'est à son tour: *Er/Sie ist dran.*

4 INFORMIERENDES LESEN

→ Gelenkte Übung

1 Die Textvorlage

△
Was ist der allgemeine Sinn der Textvorlage? Vermittelt er eine Information? Erteilt er eine Anweisung?

2 Die Anweisung

Vous êtes en vacances à Paris et vous voyez ce panneau[1]. Répondez aux questions : cochez (☒) la bonne réponse ou écrivez l'élément demandé[2].

△
Erkennt die Schlüsselwörter.

1 le panneau: *die Anzeigetafel* – 2 l'élément demandé *m.*: *die gefragte Information*

3 Die Fragen

1. Ce panneau annonce…

❑ A

❑ B

❑ C

> Die Textvorlage spricht von *expo*, eine Abkürzung von *exposition* und von *salon d'accueil*, ein Ort, an dem man Veranstaltungen organisiert. Nur Antwort A ist möglich: Schaut euch das Foto an (Bilder an der Wand, Leute, die besichtigen).

2. Quel est le dernier jour pour aller à cet événement[1] ?

....

> Man kann nur einen einzigen Hinweis auf ein Datum in der Arbeitsvorlage lesen: die Zahl 4, gefolgt von einem Wort (Juli).

3. Combien coûte l'entrée ?

❑ 0 euro.   ❑ 19 euros.   ❑ 25 euros.

> Findet das Wort *entrée* in dem Text: Es wird von dem Adjektiv *libre* begleitet, das „umsonst", „was nichts kostet" bedeutet. 19 entspricht der Zeit, wann die Ausstellung schließt und 25 entspricht der Temperatur in Paris, als das Foto aufgenommen wurde.

Antworte

Question 1 : image A.   Question 2 : le 4 juillet.   Question 3 : 0 euro.

1 l'événement *m.*: *die Veranstaltung*

→ À vous !

Activité 9

Vous lisez cette publicité dans un magazine.
Répondez aux questions en cochant (☒)
la bonne réponse.

SALON DE L'ÉTUDIANT[1]

Quelles études choisir ?

Des spécialistes vous aident !

Méthodes de travail : qu'est-ce qui change à l'université ?
Des professeurs vous informent !

Et aussi : le témoignage[2] de jeunes étudiants et leurs conseils[3]
pour trouver une chambre, sortir, faire du sport, et réussir[4]
vos études !

PARIS – PARC DES EXPOSITIONS
Porte de Versailles, métro ligne 12 (Mairie d'Issy – Porte de la Chapelle)
Du 9 au 12 mai de 10 heures à 21 heures

Entrée gratuite

1. Ce document est :

❑ un article.
❑ une invitation.
❑ une publicité.

2. Dans ce Salon, vous pouvez :

❑ découvrir l'université.
❑ réserver une chambre universitaire.
❑ trouver du travail.

3. Le Salon a lieu à :

❑ Issy.
❑ Paris.
❑ Versailles.

Activité 10

Vous êtes en France. Vous regardez dans l'annuaire téléphonique[5]. Répondez aux questions.

▶ **LIBRAIRIE JEUNESSE**
Livres pour enfants
et bandes dessinées.
20 rue du Moulin
Tél. 04 89 32 51 04

▶ **LIBRAIRIE-PAPETERIE-**
PRESSE
Littérature de poche,
magazines, fournitures
scolaires.
Place de la Fontaine
Tél. 04 89 65 77 15

▶ **LIBRAIRIE**
« AUX VIEUX AMIS »
Spécialiste de livres rares
et anciens, collection de
manuscrits du xvᵉ siècle.
20 avenue des Peupliers
Tél. 04 89 64 76 33

▶ **LIBRAIRIE PRINCIPALE**
Le plus grand choix de
livres et dictionnaires
récents de la ville ! Poésie,
histoire, philosophie… :
vous trouverez tout chez
nous !
Grand-rue n°11
Tél. 04 89 44 56 38

1 le salon de l'étudiant *m.: die Informationsmesse für Studen-
ten* – 2 le témoignage: *die Erfahrungen* – 3 le conseil: *der Rat* –
4 réussir: *schaffen* – 5 l'annuaire téléphonique *m.: das Tele-
fonbuch*

1. Vous aimez les vieux livres. À quel numéro téléphonez-vous ?

....

2. Vous voulez offrir un livre à la petite sœur de huit ans de votre correspondant.
À quelle adresse allez-vous ?

....

3. Vous avez besoin d'un dictionnaire. Dans quelle librairie allez-vous ?

....

Activité 11

Vous lisez cette affiche dans l'école de votre correspondant français. Répondez aux questions en cochant (☒) la bonne réponse.

1. Cette affiche annonce
une compétition[1] de :

❑ mathématiques.
❑ sport.
❑ dessin.

2. Pour participer[2],
il faut s'inscrire[3] :

❑ à l'école.
❑ sur Internet.
❑ par téléphone.

3. Vous pouvez trouver
la solution de l'énigme[4] :

❑ sur Internet.
❑ dans un magazine.
❑ dans un livre.

4. Le concours est
proposé par :

❑ une association.
❑ un professeur.
❑ un collège.

FÊTE des MATHS !
jeudi 16 mars 2006

Inscription auprès des professeurs dans les écoles, collèges et lycées.

Des cadeaux pour tous, livres, magazines, règles, jeux, cédéroms, séjours, voyages...

Combien de kangourous sont dessinés ?
A) 43
B) 6 × 6 × 6
C) 217
D) 259
E) 667
(Solution sur Internet)

Renseignements :
Association Kangourou
Sans Frontières
12 rue de l'Epée de Bois
—— 75005 PARIS ——
tél. 01 43 31 40 30

Le plus grand concours scolaire dans le monde, proposé dans les écoles, les collèges et les lycées par l'ASSOCIATION KANGOUROU SANS FRONTIÈRES

www.mathkang.org   www.mathkang.org

1 la compétition: *der Wettbewerb* – 2 participer: *teilnehmen* – 3 s'inscrire à qc: *sich bei etw. anmelden* –
4 l'énigme *f.*: *das Rätsel*

5 EINE SCHRIFTLICHE MITTEILUNG LESEN

→ Gelenkte Übung

1 Das Dokument

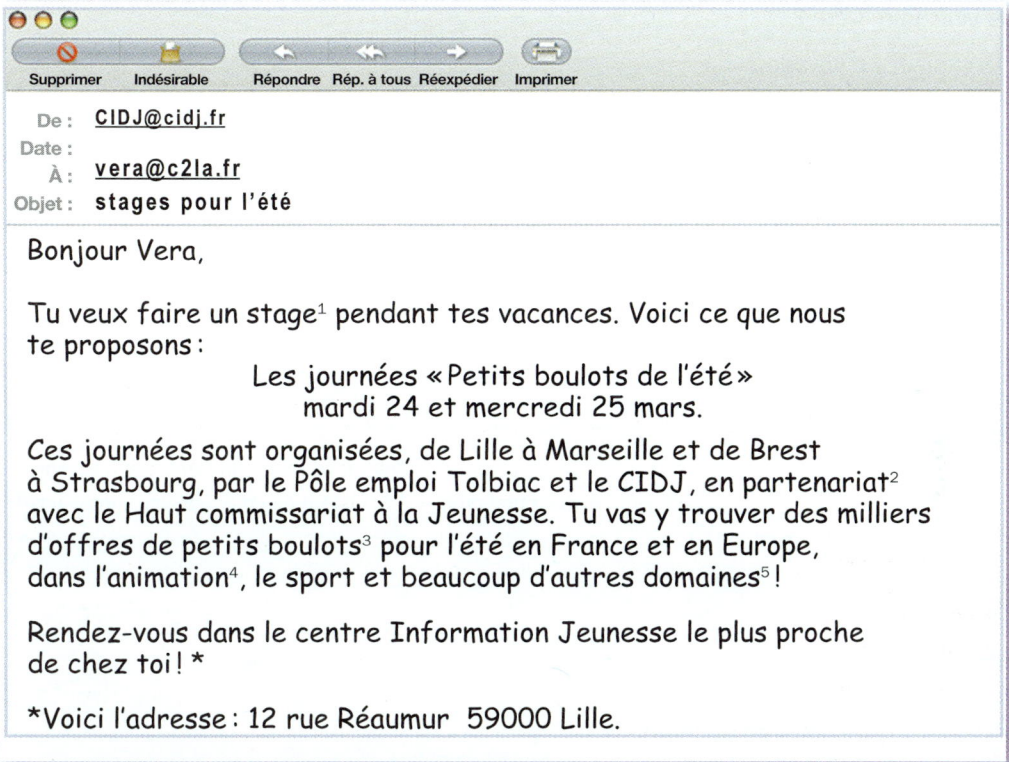

Schaut euch den Text gut an. Welche Funktion hat er?
CIDJ bedeutet „Informations- und Dokumentationszentrum für die Jugend". Das ist eine Institution, die zur Aufgabe hat, Jugendliche über alle Themen zu informieren, die sie betreffen. Im soziokulturellen Teil („die Berufe", Seite 95) werden die Unterlagen zu den Berufen nach den Informationen des *CIDJ* vorgestellt.

2 Die Anweisung

Véra reçoit ce message. Quelles sont les informations qu'elle doit écrire dans son agenda ? Aidez-la en cochant (☒) la bonne réponse.

3 Die Fragen

QUAND ?	• Lundi et mardi. • **Mardi et mercredi.** • Jeudi et vendredi.
QUOI ?	• Journées de la jeunesse. • Journées de l'animation. • **Journées des boulots d'été.**
OÙ ?	• **Lille.** • Marseille. • Strasbourg.

◁ Das ist die Art von Fragen, die ihr euch bei einem Text stellen müsst. Vergesst nicht andere wichtige Fragen: WER? WIE? WARUM?

1 le stage: *das Praktikum* – 2 le partenariat: *die Zusammenarbeit* – 3 le boulot: *der Job* – 4 l'animation f.: *die Kinderbetreuung* – 5 le domaine: *der Bereich*

À l'examen[1], on vous posera plutôt ce type[2] de questions :

1. Qui écrit ce message ?

❑ Une école.

❑ Un organisme[3] de sport.

❑ Un centre d'information.

2. Que veut faire Véra ?

❑ Organiser un voyage.

❑ Faire un stage[4].

❑ Partir en vacances.

3. Que peut-on faire les 24 et 25 mars ?

❑ Trouver un travail pour l'été.

❑ Faire du sport dans un centre.

❑ Animer[5] un stage.

Antworte

Question 1 : un centre d'information.   Question 2 : faire un stage.   Question 3 : trouver un travail pour l'été.

→ À vous !

Activité 12

Vous lisez cette carte postale[6].
Répondez aux questions en cochant (☒)
la bonne réponse.

COLLIOURE (Pyrénées-Orientales)
Plage des pêcheurs

Coucou Charlotte,
Je passe de très bonnes vacances.
Il fait beau tous les jours.
Je fais du bateau et je visite les petites îles.
J'ai hâte[7] de te revoir au collège pour te raconter mon séjour.
Dis bonjour à Pauline, je n'ai pas son adresse.
Bisous,
Audrey

Charlotte GARNIER

8, rue du Moulin

74000 ANNECY

1. Qui est en vacances ?

❑ Audrey.   ❑ Charlotte.   ❑ Pauline.

---

1 l'examen *m.*: *die Prüfung* – 2 le type: *die Art* – 3 l'organisme *m.*: *die Organisation* – 4 le stage: *das Praktikum* – 5 animer: *betreuen* – 6 la carte postale: *die Postkarte* – 7 avoir hâte de: *es kaum erwarten können etw. zu tun*

2. Quel temps fait-il ?

❏ A ❏ B ❏ C

3. Quelle activité fait la jeune fille ?

❏ A ❏ B ❏ C

Activité 13

Aidez votre ami français à faire ce que
sa mère lui demande dans ce petit message.
Mettez dans l'ordre[1] les dessins qui
correspondent[2] au message.

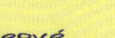

Hervé,

Je dois partir travailler.

Le réparateur vient à 10 heures, attends-le.

Montre-lui la machine à laver et le bouton rouge allumé.

Dis-lui de te donner la facture.[3]

Quand il a fini, donne-lui l'argent qui est sur la table de la cuisine.

N'oublie pas de fermer la porte à clé[4] avant de partir !

Merci,

Maman

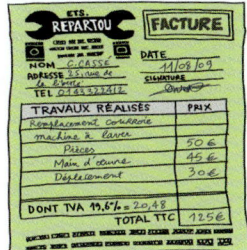

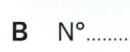

A N°.........   B N°.........   C N°.........   D N°.........

1 mettre dans l'ordre *m.*: *die Reihenfolge wiederherstellen* – 2 correspondre à qc: *etw. entsprechen* –
3 la facture: *die Rechnung* – 4 fermer la porte à clé: *abschließen*

41

À l'examen[1], on vous posera plutôt ce type[2] de questions:

1. Que se passe-t-il à 10 heures ?

   ❑ La mère part au travail.

   ❑ Hervé rentre de l'école.

   ❑ Le réparateur répare la machine.

2. Que doit faire Hervé ?

   ❑ Attendre le réparateur.

   ❑ Laver le linge[3].

   ❑ Prendre de l'argent.

3. Que doit donner Hervé ?

   ❑ De l'argent.

   ❑ Une facture.

   ❑ Une clé.

Activité 14

Vous lisez ce message. Répondez aux questions en cochant (☒) la bonne réponse.

Cher Benjamin,
Je te félicite pour ton premier prix en français
et tes bonnes notes à l'école.
J'espère que tu es content du petit cadeau que je t'envoie.

Je t'embrasse.
          Ton vieux professeur qui est fier de toi.

                    Henri Duval

1. Qui écrit cette lettre ?

   ❑ Un élève.

   ❑ Un professeur.

   ❑ Un père.

2. Henri Duval écrit pour :

   ❑ remercier[4].

   ❑ féliciter[5].

   ❑ informer.

3. Que donne Henri Duval à Benjamin ?

   ❑ Un prix[6] en français.

   ❑ Un cadeau.

   ❑ Une bonne note.

1 l'examen *m.*: *die Prüfung* – 2 le type: *die Art* – 3 le linge: *die Wäsche* – 4 remercier qn: *sich bei jdm bedanken* – 5 féliciter: *gratulieren* – 6 le prix: *die Auszeichnung*

Activité 15

Vous recevez cette invitation. Répondez aux questions en cochant (☒) la ou les bonne(s) réponse(s).

> *Chers amis,*
>
> *Le 17 juillet, c'est l'été, les vacances et surtout, c'est mon anniversaire ! Je vous invite à la maison à 15 heures pour le fêter tous ensemble dans le jardin ! Au programme : piscine et musique ! On va prendre des photos et bien s'amuser !*
>
> *Pour manger, je prépare des plats[1] froids, un gâteau et des bonbons. Mais s'il vous plaît, apportez les boissons ! Prenez aussi vos disques, et n'oubliez pas votre maillot de bain[2] !*
>
> *À très bientôt,*
> *Charlotte*

1. Le 17 juillet, il y a :

❑ un concours[3].
❑ une compétition[4].
❑ une fête.

2. Vous allez faire :

❑ de la musique.
❑ de la natation.
❑ des gâteaux.

3. Qu'est-ce que vous devez apporter à la fête ? *Attention, il y a 2 réponses.*

❑ A

❑ B

❑ C

❑ D

❑ E

❑ F

1 le plat: *das Gericht* – 2 le maillot de bain: *die Badehose / der Badeanzug* – 3 le concours: *der Wettbewerb* – 4 la compétition: *der Wettkampf*

SELBSTEINSCHÄTZUNG

Ich verstehe mir vertraute Namen, Wörter sowie sehr einfache Sätze, z. B. in Anzeigen, auf Plakaten oder in Katalogen.

Zum Beispiel	☺	😐	☹
Ich kann auf einer Karte sehr einfache Hinweise finden, um mich zu orientieren.			
Ich kann in einem Fernsehprogramm die Informationen über eine Sendung finden.			
Ich kann einfache Anweisungen verstehen, wenn sie bebildert sind (ein Kochrezept, eine Spielregel).			
Ich kann die wesentlichen Informationen in einer Werbeanzeige erkennen.			
Ich kann das Wesentliche einer SMS, einer Ansichtskarte oder einer Einladung verstehen.			

PRODUCTION ÉCRITE
SCHRIFTLICHER AUSDRUCK

Kompetenzerwartungen

✓ Ich kann einfache isolierte Ausdrücke und Sätze über mich selbst oder über ausgedachte Personen schreiben, um zu sagen, wo sie leben und was sie tun.

Das heißt ...

✓ Für eine Bitte um Information kann ich detaillierte persönliche Auskünfte schriftlich mitteilen.

✓ Ich kann Einzelwörter und kurze Texte, die normal gedruckt oder leserlich geschrieben sind, abschreiben.

✓ Ich kann Notizen, einfache kurze Mitteilungen auf einer Postkarte schreiben.

Beispiel für eine Situation

Ihr werdet Mitglied in einem Sportklub.

Übung DELF A1

Fülle das Formular aus.

FORMULAIRE D'INSCRIPTION
À remplir obligatoirement

Nom : ....

Prénom : ....

Adresse : ....

....

Téléphone :..

E-mail : ....

À ...., le ....

Signature

Worin besteht eine schriftliche Arbeit?

In welchen Situationen muss ich Texte verfassen?

- um Informationen zu liefern, die man von mir verlangt;
- um Informationen abzuschreiben und/oder einzuholen;
- um von mir hören zu lassen.

Zwei Situationen:

Im täglichen Leben	Bei der DELF-Prüfung
• Ein Formular mit eurem Namen, Vornamen, Geburtsdatum, Adresse, Telefonnummer … ausfüllen.	**Zwei Teile** bei der Prüfung zum schriftlichen Ausdruck:
• Daten, Fahrpläne, Informationen … abschreiben.	**Übung 1:** ein Formular ausfüllen. Beispiel: Zulassungsantrag bei einer Bibliothek, einem Sportklub, einem Wettbewerb, eine Zeitschrift abonnieren …
• Schriftliche Zahlenangaben machen (z. B. das Datum, den Zeitpunkt und die Nummer eines Fluges, den Zeitpunkt einer Verabredung usw.).	**Übung 2:** einige Sätze zu einem gegebenen Thema schreiben. Beispiel: jemanden vorstellen, über seine Aktivitäten, seine Stadt, sein Haus … reden, eine Einladung aussprechen oder annehmen.
• Einen Briefwechsel führen um Informationen über euch, eure Familie, eure Freunde zu liefern, sowie darüber, was ihr macht / sie machen und wo ihr seid / sie sind.	

1 EIN FORMULAR AUSFÜLLEN

→ Erkennen

Beginnen wir …

Hier ein Beispiel für ein Anmeldeformular
an einem Wettbewerb.

JEU-CONCOURS !
SAUVONS LA PLANÈTE

**Grand jeu-concours
« Sauvons la planète »**

BULLETIN D'INSCRIPTION

NOM : DUPLAND

Prénom : Val'erie

Date de naissance : 10 mai 1991

Nationalité : Française

Adresse : 14 boulevard

Jean Racine

Code postal : 59000

Ville : Lille

Adresse électronique :

valeried@orange.fr

Téléphone : 02 59 00 10 91

- In einem französischen Formular steht der Familienname im Allgemeinen an erster Stelle und wird in Blockbuchstaben geschrieben.

- Der Vorname beginnt mit einem Großbuchstaben, wird aber anschließend klein geschrieben. Wenn ihr mehrere Vornamen habt, schreibt nur den Rufnamen.

- Im Französischen schreibt man das Geburtsdatum in folgender Reihenfolge: Tag/Monat/Jahr.

- Man sagt, man ist z. B. deutscher Nationalität, d. h. im Französischen steht nach dem Wort *nationalité* ein **Adjektiv** in der weiblichen Form, nicht das Herkunftsland.

- Hausnummer + Straßenname.

- In Frankreich muss man die Postleitzahl nennen.

- Auf die richtigen beiden Buchstaben am Ende (fr = Frankreich, be = Belgien, de = Deutschland …) achten!

- In Frankreich besteht die Telefonnummer aus 10 Zahlen.

Und jetzt …

Hier seht ihr zwei Formulare: eines um sich im Filmclub der Schule anzumelden, ein Anderes um ein Kleid über den Versand zu kaufen.

Placez[1] au bon endroit[2], et dans le formulaire qui convient[3], les informations ci-dessous.

| Éric | policiers | orange | comiques[4] | 18,50 euros | DUPARC | 13 ans | 4ᵉ A |

| 36 | chèque | mercredi | 5, rue des Moulins 44000 Nantes | 16 h – 17 h 30 |

CINÉ-CLUB « Écran noir »

NOM : *POLLET*   Prénom : ....

Âge : ....   Classe : ....

Types de films préférés (2) :

- ....
- ....

Jour de la semaine : ....

Horaire : ....

ELLA Habillement

NOM : ....   Prénom : *SAMIA*

Adresse de livraison :

....

....

Couleur de l'article : ....

Taille : ....

Prix : ....

Mode de paiement : ....

1 placer: *setzen* – 2 l'endroit *m.*: *der Ort / die Stelle* – 3 convenir: *entsprechen* – 4 comique: *lustig*

→ Gelenke Übung

1 Das Schriftstück

TOUTabo

Toutabo - Service Commandes
22, rue Louis Blanc
93400 Saint-Ouen

BON DE COMMANDE
À imprimer et à renvoyer par voie postale,
accompagné de votre réglement.

Informations Client ★

Nom : _____   Prénom : _____

Adresse : _____

Téléphone : _____   Mail : _____

Informations Destinataire (si différent) ★

Nom : _____   Prénom : _____

Adresse : _____

Magazine (s) offert (s) : _____

Message pour un cadeau : _____

_____

_____

Schaut euch das Schriftstück an, um es zu identifizieren. Es ist ein Bestellschein: Das bedeutet, dass ihr an den angegebenen Stellen Angaben machen müsst.

• Was muss gemacht werden?
Man muss das Schriftstück ausdrucken, ausfüllen und es in einem Umschlag mit einer Zahlungsanweisung an die oben links angegebene Adresse schicken.

• Wozu dieses Formular ausfüllen?
Um für eine bestimmte Zeit (im Allgemeinen ein Jahr) eine Zeitschrift regelmäßig zu erhalten.

2 Die Anweisung

Voici un formulaire à remplir pour un abonnement à un magazine. Écrivez les informations demandées.

• Wo und wie sind die Informationen einzutragen?
Man muss die gewünschten Informationen auf den Zeilen _____ mit einem Kugelschreiber schreiben (Bleistift ist eher ungeeignet).

• Hier gibt es einen Unterschied zwischen dem Kunden (*le client*) und dem Empfänger (*le destinataire*). Der Kunde ist derjenige, der sich anmeldet und das Abo bezahlt, der Empfänger kann dieselbe oder eine andere Person sein. Zum Beispiel, ein Onkel schenkt seinem Neffen ein Zeitschriftenabo. Er ist der Kunde, aber die Anschrift des Empfängers ist die des Neffen.

Antworte

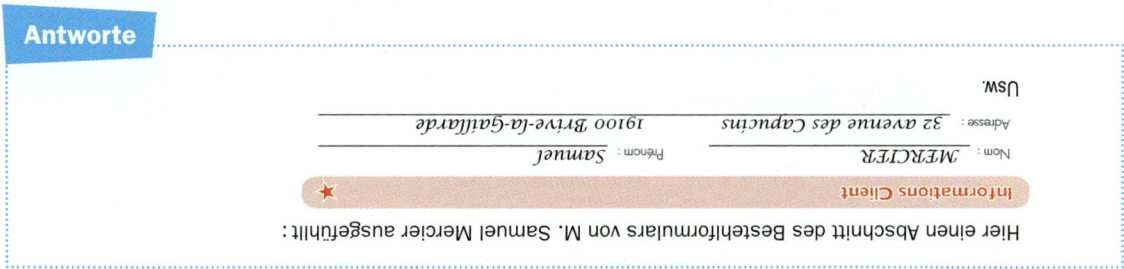

Hier einen Abschnitt des Bestellformulars von M. Samuel Mercier ausgefüllt:

Informations Client ★

Nom : *MERCIER*   Prénom : *Samuel*

Adresse : *32 avenue des Capucins*   *19100 Brive-la-Gaillarde*

Usw.

→ **À vous !**

Activité 1

Vous commandez[1] des chèques-cadeaux[2]. Remplissez le formulaire avec vos coordonnées[3] et les informations demandées.

_____ **BON DE COMMANDE DE CHÈQUES-CADEAUX** _____

Vos coordonnées

Nom : ....

Prénom : ....

Adresse : ....

Code postal : .... Ville : ....

Téléphone : .... Adresse e-mail : ....

Votre commande

Quantité	Montant unitaire €	Total €
	Total de la commande	

Date : .... Signature

À l'examen[4], on vous posera plutôt ce type[5] de questions :

Vous achetez un vêtement sur Internet. Complétez le bon de commande[6].

BON DE COMMANDE

_____ **Vos coordonnées** _____
▼

Nom : ....

Prénom : ....

Adresse : ....

Code postal : .... Ville : ....

Téléphone : .... Adresse e-mail : ....
....

_____ **Votre commande** _____
▼

Vêtement choisi : ....

Couleur : .... Référence : _023644B_

Taille : ....

---

1 commander: *bestellen* – 2 le chèque-cadeau: *der Geschenkgutschein* – 3 les coordonnées *f. pl.*: *die Kontaktdaten* – 4 l'examen *m.*: *die Prüfung* – 5 le type: *die Art* – 6 le bon de commande: *das Bestellformular*

Activité 2

Vous répondez à un sondage[1] sur Internet. Remplissez[2] le questionnaire ci-dessous.

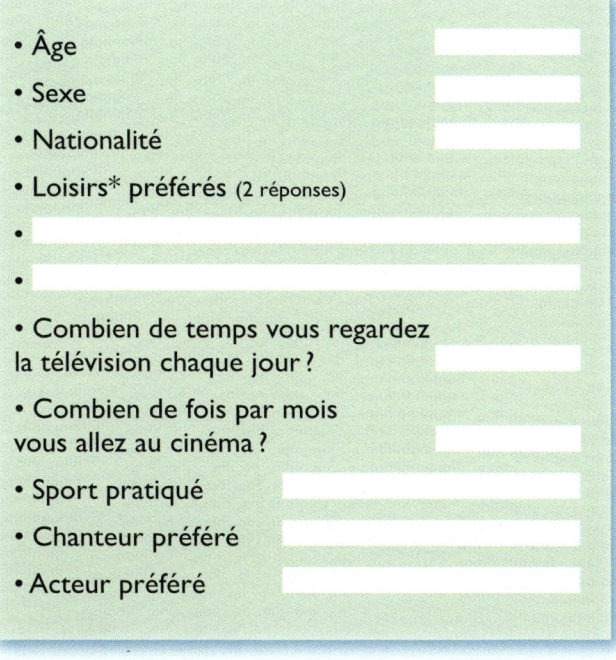

• Âge

• Sexe

• Nationalité

• Loisirs* préférés (2 réponses)

•

•

• Combien de temps vous regardez la télévision chaque jour ?

• Combien de fois par mois vous allez au cinéma ?

• Sport pratiqué

• Chanteur préféré

• Acteur préféré

* Voir page 106, « Les loisirs ».

Activité 3

Vous habitez en France et vous voulez faire du sport. Remplissez la fiche d'inscription[3] du club de votre quartier.

Nom : ....

Prénom : ....

Âge : ....

Adresse : ....

....

Numéro de téléphone : ....

Sport choisi : ....

Jour souhaité : ....

Heure souhaitée : ....

En cas d'accident[4], qui faut-il prévenir[5] ?

▶ Nom et prénom : ....

▶ Lien avec vous (mère, ami…) : ....

▶ Numéro de téléphone : ....

1 le sondage: *die Umfrage* – 2 remplir: *ausfüllen* – 3 la fiche d'inscription: *das Anmeldeformular* –
4 l'accident m.: *der Unfall* – 5 prévenir: *benachrichtigen*

Activité 4

Inventez[1] un formulaire à 10 entrées[2] (fiche d'inscription, questionnaire de satisfaction, sondage, etc.) et faites-le remplir à une personne de la classe !

....
....
....
....
....
....
....
....
....
....
....
....
....
....

1 inventer: *erfinden* – 2 l'entrée *f.*: *der Eintrag*

2 EINE SCHRIFTLICHE MITTEILUNG SCHREIBEN

→ Erkennen

Séverine est malade et Patrick lui apporte les devoirs à faire. Elle doit recopier[1] le petit texte de Patrick. Aidez-la : trouvez et soulignez[2] les erreurs.

Cahier de Patrick

Pour jeudi après-midi.

Vocabulaire : exercice n°2 en entier.

Mathématiques : correction du contrôle.

Sport : natation. Apporter une serviette de bain et ne pas oublier le bonnet obligatoire.

Faire signer l'autorisation de sortie pour la visite du musée de l'Homme, vendredi matin.

Cahier de Séverine

Pour Jeudi après-midi.

Français : exercice n°2.

Maths : corrigé du contrôle.

Sport : piscine. Apporter des serviettes de bain et ne pas oublier le bonnet.

Faire signer l'autorisation pour la visite du musée de l'Homme vendredi.

→ Gelenkte Übung

- Beim DELF A1 gibt es im Allgemeinen kein „auslösendes Dokument" (d. h. ein kleiner Text, der das Schreiben unterstützt, z. B. eine Geburtsanzeige, auf die ihr antworten müsst).
- Das Layout der Stelle, wo ihr etwas schreiben sollt, gibt euch wichtige Hinweise auf die Art des zu erstellenden Textes, denn eine Ansichtskarte, ein privater oder offizieller Brief, eine E-Mail oder eine SMS haben unterschiedliche Codes.

❶ Die Anweisung

Vous invitez un ami francophone à aller à la Fête de la Musique avec vous. Vous lui dites quel concert vous intéresse et vous indiquez[3] à votre ami le lieu[4] et l'heure de votre rendez-vous. (40 à 50 mots)

Welche Informationen muss man beachten?
- Ihr schreibt eine private Nachricht und sprecht eine Einladung aus.
- Ihr informiert euren Freund über das Konzert und verabredet euch mit ihm.
- Ihr müsst eine bestimmte Anzahl Wörter verwenden.

1 recopier: *abschreiben* – 2 souligner: *unterstreichen* – 3 indiquer: *angeben* – 4 le lieu: *der Ort*

2 Die Antwort

Voici le texte que Joseph a écrit pour répondre à cette consigne[1].

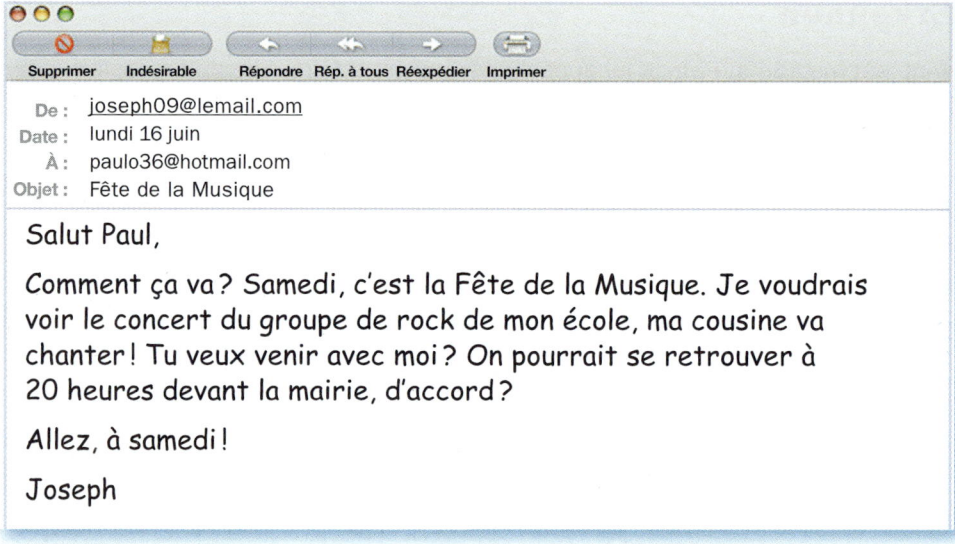

De : joseph09@lemail.com
Date : lundi 16 juin
À : paulo36@hotmail.com
Objet : Fête de la Musique

Salut Paul,

Comment ça va ? Samedi, c'est la Fête de la Musique. Je voudrais voir le concert du groupe de rock de mon école, ma cousine va chanter ! Tu veux venir avec moi ? On pourrait se retrouver à 20 heures devant la mairie, d'accord ?

Allez, à samedi !

Joseph

1. Schaut euch die Antwort von Joseph an: Entspricht sie der Anweisung?
- Es ist eine Nachricht unter Freunden (Joseph duzt den Empfänger). Es werden Höflichkeitsformeln bei der Anrede (*Salut Paul*) und beim Gruß (*à samedi*) verwendet.
- Es ist in der Tat eine Einladung, die durch eine einfache Frage mit dem Verb *vouloir* ausgesprochen wird: *Tu veux venir avec moi?*
- Man findet Informationen über das Konzert: *groupe de rock de mon école, ma cousine va chanter*.
- Der Vorschlag für das Treffen ist höflich formuliert (*on pourrait*) und enthält eine Uhrzeit (*à 20 heures*) und einen Treffpunkt (*devant la mairie*).
- Die Anzahl der Wörter ist eingehalten worden: 48 im Text, 52 mit dem Betreff.

2. Übrigens, könnt ihr Wörter zählen?
Im Französischen nennt man „Wort" jede Einheit von Buchstaben, die von den anderen durch zwei Zwischenräume getrennt ist. Zum Beispiel:
- *Il fait beau :* 3 Wörter.
- *Mon grand-père :* 2 Wörter.
- *À l'école :* 2 Wörter.
- *Il n'y a pas d'école aujourd'hui :* 6 Wörter.

→ À vous !

Activité 5

Comptez le nombre de mots de ce message.

....

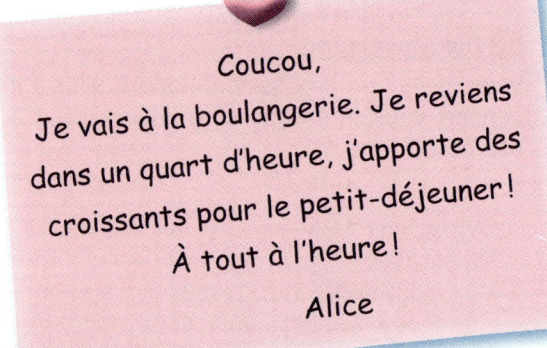

Coucou,
Je vais à la boulangerie. Je reviens dans un quart d'heure, j'apporte des croissants pour le petit-déjeuner !
À tout à l'heure !
Alice

1 la consigne: *die Anweisung*

Activité 6

Reliez[1] chaque document à la consigne[2] qui correspond[3]. Qu'est-ce qui permet[4] de répondre ? Soulignez[5] ces informations dans chaque document.

Document A •

CLAIRVAUX-LES-LACS (Jura)
Lac de Vouglans

Le 10 juillet

Chère Caro,

Je suis en vacances avec mes parents et ma petite sœur dans la région des lacs. C'est super, je fais des promenades à cheval et à vélo. Je reviens dans une semaine.

Bisous

Eva

Caroline Peris

3, impasse des Portes

75000 Paris

• **Consigne 1**

Votre correspondant vient chez vous. Il ne vous connaît pas encore. Vous lui envoyez un courriel[6] pour vous décrire et lui donner rendez-vous à la gare.

Document B •

• **Consigne 2**

Vous organisez une fête pour la nouvelle année. Vous écrivez à un ami québécois[7], vous l'invitez et vous lui donnez des informations sur la fête.

| Supprimer | Indésirable | Répondre | Rép. à tous | Réexpédier | Imprimer |

De :	jeremie1@orange.fr
Date :	dimanche 7 juin
À :	mathiasp@hotmail.com
Objet :	Ton arrivée en France

Je suis content de te voir et de te faire visiter ma ville et la France. Je t'attends à la gare à 11 heures avec mon chien. Je suis blond, j'ai des lunettes et mon chien est tout petit, noir et blanc.
On va passer des vacances géniales !
À demain !
Ton copain français

• **Consigne 3**

Vous envoyez une petite carte postale[8] de vacances à votre correspondant, vous lui parlez des activités que vous faites et vous dites quand vous rentrez de vacances.

Document C •

Géo :

Le climat : pages 35 à 40.

La population : pages 23 à 26.

Revoir exercices 4 – 5 – 8, page 27.

Apprendre résumé, page 30.

Apporter règle et crayons de couleur.

• **Consigne 4**

Vous notez sur un papier ce que vous devez apprendre pour le contrôle[9] de géographie.

Document D •

Cher Jean-François,

C'est bientôt la nouvelle année et j'organise une fête. Tu es invité, bien sûr ! On va danser, on va chanter, on va bien s'amuser ! J'espère que tu vas pouvoir venir.

Je t'embrasse,
Sarah

1 relier: *verbinden* – 2 la consigne: *die Anweisung* – 3 correspondre à qc: *etw. entsprechen* – 4 permettre: *ermöglichen* – 5 souligner: *unterstreichen* – 6 le courriel: *die E-Mail* – 7 québécois/e: *aus Québec* – 8 la carte postale: *die Postkarte* – 9 le contrôle: *die Klassenarbeit*

Activité 7

Vous êtes malade. Vous laissez un message à votre correspondant français pour expliquer ce qui vous arrive, où vous êtes et pour dire à quelle heure vous revenez à la maison. (40 à 50 mots)

Activité 8

Vous avez un nouveau correspondant francophone. Vous lui envoyez une carte postale[1] et vous lui parlez de votre ville et du climat dans votre région. (40 à 50 mots)

1 la carte postale: *die Postkarte*

Activité 9

Votre correspondant francophone va bientôt venir chez vous. Vous lui envoyez un message électronique pour lui présenter[1] votre famille. Vous lui décrivez aussi la chambre où il va dormir. (40 à 50 mots)

Supprimer	Indésirable	Répondre	Rép. à tous	Réexpédier	Imprimer

De :
Date :
À :
Objet :

....

....

....

....

....

....

....

....

Activité 10

Pendant les vacances scolaires[2], vous allez ramasser[3] les fruits dans un domaine agricole[4] en France. Vous devez envoyer une lettre pour vous présenter. Donnez les informations suivantes : jour et heure d'arrivée, description[5] physique pour vous reconnaître[6] à la gare (40 à 50 mots).

Monsieur et Madame GRAINDORGE

La Ferme des melons

Chemin des forêts

17000 La Rochelle

....

....

....

....

....

....

....

1 présenter: *vorstellen* – 2 les vacances scolaires *f. pl.*: *die Schulferien* – 3 ramasser: *ernten* – 4 le domaine agricole: *der Bauernhof* – 5 la description: *die Beschreibung* – 6 reconnaître: *erkennen*

SELBSTEINSCHÄTZUNG

Ich kann eine einfache kurze Ansichtskarte, z. B. aus den Ferien, schreiben.

Ich kann Angaben zu meiner Person auf einem Fragebogen machen, zum Beispiel meinen Namen, meine Staatsangehörigkeit und meine Adresse angeben.

Zum Beispiel:	☺	😐	☹
Ich kann ein Formular ausfüllen (meinen Namen, meinen Vornamen, meine Adresse) und ich kann einige gewünschte Angaben machen (Alter, bevorzugte Freizeitbeschäftigungen usw.).			
Ich kann mir einen einfachen kleinen Fragebogen selbst ausdenken.			
Ich kann eine E-Mail an einen Freund senden und ein Treffen mit ihm vereinbaren oder ihm Nachrichten mitteilen.			
Ich kann einen sehr einfachen kurzen Brief an fremde Leute schreiben und dabei die Höflichkeitsformel verwenden.			
Ich kann eine Ansichtskarte schreiben.			
Ich kann eine Nachricht hinterlassen, um eine Situation zu erklären.			

PRODUCTION ORALE MÜNDLICHER AUSDRUCK

Kompetenzerwartungen

✓ Ich kann mich durch einfache unverbundene Äußerungen über Leute und Dinge verständlich machen.

✓ Ich kann über mich und meinen Wohnort reden.

✓ Ich kann beschreiben, was ich mache.

Das heißt ...

✓ Ich kann einfache Fragen zu sehr vertrauten Themen beantworten und selbst stellen, wenn der/die Gesprächspartner/in verständnisvoll ist und langsam und deutlich spricht.

✓ Bei einer Unterhaltung kann ich jemanden vorstellen und elementare Ausdrücke der Begrüßung und der Verabschiedung verwenden.

Beispiel für eine Situation

Ihr seid in einem Warenhaus und wollt Sportbekleidung kaufen.

Übung DELF A1

Rollenspiel: Zwei Bilder, die Produkte darstellen, auswählen und den Verkäufer nach dem Preis fragen.

Was ist eine Aktion des mündlichen Ausdrucks?

Zwei Situationen

Im täglichen Leben	Bei der DELF-Prüfung
• Bei einer Unterredung sich vorstellen, die gewünschten Angaben machen und sich verabschieden. • Bei einer Unterhaltung die Fragen des/der Gesprächspartners/-in beantworten und einfache Fragen zu vertrauten Themen stellen. • An einem öffentlichen Ort jemanden um eine Information bitten (ein Preis, eine Zeitangabe, eine Wegbeschreibung usw.).	Sich mit dem/der Prüfer/in unterhalten: • sich vorstellen, über sich und sein Leben reden, • dem/der Prüfer/in Fragen stellen, • Personen, Gegenstände, Orte, Situationen beschreiben und ausdrücken, was sie charakterisiert.

Die Prüfung des mündlichen Ausdrucks beim DELF umfasst **drei Teile**:

1. Über sich mit jemandem sprechen.

2. Einer Person Fragen stellen.

3. An einem kleinen Rollenspiel teilnehmen.

1. Achtung! Vergesst nicht:
• den/die Prüfer/in zu grüßen, wenn ihr ankommt: *bonjour monsieur, bonjour madame* ;
• euch vorzustellen: *je suis / je m'appelle...* ;
• die Arbeitsanweisungen, die euch erklären, was ihr tun sollt (Fragen beantworten, Fragen stellen, eine Rolle spielen usw.) aufmerksam zu lesen. Diese Anweisungen geben auch die Zeit an, die ihr für die Aufgabe habt, sowie die Rolle des/der Prüfers/-in,
• deutlich und laut genug zu sprechen und euren/eure Gesprächspartner/in anzuschauen,
• den/die Prüfer/in zu bitten etwas zu wiederholen, wenn ihr es nicht verstanden habt,
• euch vom Prüfer / von der Prüferin am Ende der Prüfung zu verabschieden: *au revoir monsieur, au revoir madame.*

2. Der/Die Prüfer/in kann euch duzen, aber ihr müsst ihn/sie immer siezen.

1 DAS GESPRÄCH

→ Erkennen

Der/Die Prüfer/in stellt Fragen, um euch besser kennenzulernen. Ihr müsst über euch reden, Auskünfte über eure Staatsangehörigkeit, eure Familie, eure Freunde, euren Wohnort usw. erteilen.

Beginnen wir …

Hier seht ihr Fragen und Antworten. Reliez[1] la réponse à la question qui correspond[2].

Questions	Réponses
a. Vous vous appelez comment ?	1. À 7 heures, tous les matins.
b. Pouvez-vous épeler votre nom, s'il vous plaît ?	2. Une heure, tous les jours après l'école.
c. Quelle est votre nationalité[3] ?	3. Les mathématiques.
d. Où habitez-vous ?	4. Seulement les dessins animés[5].
e. Combien avez-vous de frères et sœurs ?	5. Marie Hénin.
f. Vous aimez l'école ?	6. Canadienne.
g. Qu'est-ce que vous préférez comme matière ?	7. À Montréal.
h. À quelle heure vous vous levez[4] pendant la semaine ?	8. Deux frères et une sœur.
i. Qu'est-ce que vous faites le week-end ?	9. H - É - N - I – N.
j. Vous regardez la télévision ?	10. Je sors avec mes amis.
k. Qu'est-ce que vous aimez à la télévision ?	11. Oui, un peu.

a	b	c	d	e	f	g	h	i	j	k

Beachtet die verschiedenen Formen der gestellten Fragen: das gibt einen Hinweis auf die Art der Antwort.
Beispiele:
- OÙ → Ort : *Où habitez-vous ? → À Montréal.*
- COMBIEN → Zahlen oder Ziffern : *Combien avez-vous de frères et soeurs ? → Deux frères et une sœur.*
- « Verbe + ? » → Antwort mit *oui* oder *non* : *Vous aimez l'école ? → Oui, un peu.*

1 relier: *verbinden* – 2 correspondre à qc: *etw. entsprechen* – 3 la nationalité: *die Staatsangehörigkeit* –
4 se lever: *aufstehen* – 5 le dessin animé: *der Zeichentrickfilm*

Und jetzt …

Le « ni oui, ni non »

Dans la classe, chacun prépare une question qui ne peut recevoir qu'une réponse affirmative[1] ou négative[2]. Un premier élève pose sa question à un autre qui doit répondre sans utiliser *oui* ou *non*.

Les joueurs[3] qui ne répondent pas, qui répondent toujours par la même formule ou qui répondent *oui* ou *non* à une question sont éliminés.

Exemples de questions :

– Tu aimes le lait ?

– Tu peux me prêter ton stylo ?

– Est-ce que tu as le dernier jeu vidéo ?

– C'est bien le 10 avril, le match de foot ?

– On va à la piscine demain ?

– Tu as un frère ?

Etc.

> Bei dem Spiel muss sehr schnell auf die Fragen geantwortet werden.
> - Bei den Antworten soll man Synonyme von *oui* und *non* verwenden. Zum Beispiel:
>   OUI = *absolument, effectivement, c'est cela…*
>   NON = *pas du tout, je ne crois pas, je ne sais pas…*
> - Wenn man seine Meinung sagen soll, muss man Ausdrücke finden, die *oui* und *non* ersetzen. Zum Beispiel:
>   OUI = *j'adore, parfois, beaucoup, assez…*
>   NON = *pas trop, ça dépend, pas vraiment, pas du tout…*

→ À vous !

Activité 1

1. Voici Chloé, une collégienne française de 13 ans. Décrivez[4] chaque image[5] avec une phrase et racontez sa journée. Si besoin[6], regardez le dossier « L'école », page 86, pour trouver des informations.

A

B

C

---

1 affirmatif/-ive: *positiv* – 2 négatif/-ive: *negativ* – 3 le/la joueur/-euse: *der/die Spieler/in* – 4 décrire: *beschreiben* – 5 l'image *f.*: *das Bild* – 6 si besoin: *wenn nötig*

2. Maintenant, à vous de raconter une de vos journées.

Activité 2

Voici une série de questions. Pensez à une réponse possible. Essayez de varier les formes de vos réponses, et répondez avec une phrase complète.

- **a.** Quel est votre nom de famille ? Comment il s'écrit ?
- **b.** Vous avez quel âge ?
- **c.** Vous habitez dans quelle ville ? Vous vivez dans une maison ou un appartement ?
- **d.** Quelle est le métier de votre père ? de votre mère ?
- **e.** Vous aimez voyager ? Où est-ce que vous aimez aller en vacances ?

Activité 3

Choisissez trois ou quatre informations sur vous (exemples : identité, âge, loisirs …) et préparez quelques phrases pour vous présenter[1].

Activité 4

Activité par paires

Préparez une liste de questions sur un des thèmes ci-dessous. Ensuite, posez ces questions à votre voisin/e.

| Identité ? | | Famille ? | | Logement[2] ? | | Loisirs ? |

| | École ? | | Activités quotidiennes[3] ? | | Goûts[4] ? |

1 se présenter: *sich vorstellen* – 2 le logement: *die Wohnung* – 3 quotidien/ne: *täglich* –
4 le goût: *der Geschmack*

2 DER INFORMATIONSAUSTAUSCH

→ Erkennen

Beginnen wir …

Deux par deux, vous vous posez cinq ou six questions maximum pour pouvoir présenter l'autre devant l'ensemble de la classe.

> Es geht darum, seine Fähigkeit zur Kommunikation zu zeigen, verschiedenartige Fragen mit einfachen Worten, die ein Thema erläutern, zu stellen.
> Der/Die Gesprächspartner/in muss leicht erkennen können, was ihr sagen wollt.
> Hier müsst ihr so viele Informationen wie möglich über die Person sammeln, um anschließend in der Lage zu sein, sie so vollständig wie möglich vorzustellen.

Exemples de questions

– Tu t'appelles comment ?

– Tu as quel âge ?

– Dans quelle rue habites-tu ?

– Est-ce que tu as des frères et des sœurs ?

– Qu'est-ce que tu aimes manger ?

– Quel est le métier que tu veux faire ?

– Quel est ton acteur[1] (chanteur) préféré ?

Exemple de présentation

Je vous présente[2] Léa, Léa Mallard, elle a 12 ans et habite à côté du collège. Elle a une sœur et un frère, ils sont plus âgés. Elle adore les glaces à la vanille[3] et tous les gâteaux. Plus tard, elle veut être pâtissière[4].

---

1 l'acteur/-trice: *der/die Schauspieler/in* – 2 présenter: *vorstellen* – 3 la glace à la vanille: *das Vanilleeis* –
4 le/la pâtissier/-ière: *der/die Konditor/in*

Und jetzt …

Voici un blason[1]. Il représente les activités du village de votre correspondant français.
Posez les questions pour trouver ce que les dessins veulent dire.

Exemples de questions

– Comment s'appelle le village ?

– Quels sports je peux pratiquer ?

– Est-ce qu'il y a la mer ?

Etc.

Ein Wappen ist eine Einheit von Bildern oder Sätzen. Es stellt die charakteristischen Merkmale einer Familie, einer Stadt, eines Vereins usw. dar.
Hier erklärt es in Bildern die wichtigsten sportlichen Aktivitäten des Dorfes. Der erste Teil gibt die Lage des Dorfes an. Es handelt sich um Morzine in der Nähe von Genf.
Der zweite und dritte Teil gibt die Sportarten an, die man in Morzine ausübt.
Das Bild des letzten Teils beschreibt die Region: Berge und Seen.

1 le blason: *das Wappen*

→ À vous !

Activité 5

Voici une série de réponses. Les questions sont effacées[1]. Essayez de les retrouver.

Exemple :
– *Quel est votre animal préféré ?*
– Le chat.

1. – .... ?
– Oui, j'ai deux chats à la maison.

2. – .... ?
– J'ai une sœur.

3. – .... ?
– Elle s'appelle Tina.

4. – .... ?
– Oui, je fais du tennis.

5. – .... ?
– Deux heures, tous les samedis.

6. – .... ?
– Non, je n'aime pas trop lire.

7. – .... ?
– 3, rue des Carmes à Boulogne.

8. – .... ?
– Au collège Émile Zola.

9. – .... ?
– Je suis en sixième.

Activité 6

Choisissez un des mots clés ci-dessous et posez une question avec.

Exemple : | **Chocolat ?** | → *Est-ce que tu aimes le chocolat ? Tu préfères le chocolat ou la vanille ?* *Etc.*

| Vélo ? | Livre ? | Manger ? | Frère ? | Téléphone ? |

| Ordinateur ? | Couleur ? | Animal ? | Vacances ? | Prénom ? |

1 effacé/e: *gelöscht*

Activité 7

Activité par paires

Écrivez chacun six mots en français, puis donnez cette liste à votre voisin/e. Votre voisin/e vous pose six questions avec vos mots, puis vous lui posez six questions avec ses mots.

Activité 8

Imaginez[1] le plus de questions possibles à partir[2] des mots ou des idées que les mots représentent.

Exemple :

Chien ?

– *Est-ce que tu as un chien ? Vous avez un chien ?*

– *Tu aimes les chiens ? Vous aimez les chiens ?*

– *Tu préfères les chiens ou les chats ? Vous préférez… ?*

– *Quel est ton animal préféré ? Quel est votre animal… ?*

– *Tu aimes les animaux ? Vous aimez… ?*

– *Combien de chiens/d'animaux tu as à la maison ? Combien de chiens/d'animaux vous avez… ?*

– *Est-ce que tu as peur des chiens ? Est-ce que vous avez… ?*

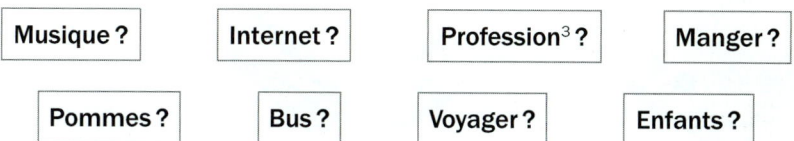

Musique ?	Internet ?	Profession[3] ?	Manger ?
Pommes ?	Bus ?	Voyager ?	Enfants ?

Bei der DELF-Prüfung müsst ihr in der zweiten Übung des mündlichen Ausdrucks dem/der Prüfer/in Fragen stellen.

Zwei Ratschläge zur Vorbereitung:

1. Die Antwort auf die erste Frage kann euch dabei helfen, eine weitere Frage zum gleichen Thema zu stellen, **wenn ihr es wollt**. Ein Beispiel: Der/Die Prüfer/in antwortet: *Oui, souvent.* auf die Frage *Est-ce que vous allez en vacances à l'étranger ?*. Dann könnt ihr ihn auch fragen: *Dans quels pays ?* oder *Combien de fois ?* oder *Combien de temps ?* oder *Qu'est-ce qui vous plaît dans le pays ?*, usw.

2. Vergesst nicht **den/die Prüfer/in zu siezen**!

Activité 9

Tous contre votre professeur !

Vous avez deux minutes pour poser des questions personnelles à votre professeur ; mais attention, il ne répondra qu'aux questions correctement[4] construites[5] !

---

1 imaginer: *ausdenken* – 2 à partir de: *auf Basis von* – 3 la profession: *der Beruf* – 4 correctement: *richtig* – 5 construit/e: *hier: formuliert*

3 DER GESPIELTE DIALOG

→ Erkennen

Beginnen wir …

Vous êtes à la boulangerie en France. Vous vous renseignez[1] sur les prix, vous choisissez un ou deux articles et vous payez.

> Ihr sollt eine Verkaufssituation in Frankreich spielen. Ihr sollt zeigen, dass ihr die Höflichkeitsformeln kennt und dass ihr Informationen einholen und erteilen könnt (Preis, Menge, Farbe, Größe usw.).
> Die abgebildeten Gegenstände geben euch eine allgemeine Vorstellung von möglichen Käufen: Das bedeutet, dass
> • ihr nicht notwendigerweise nach dem Preis für alle Produkte fragen müsst,
> • ihr nicht alles kaufen müsst,
> • ihr ein Produkt verlangen könnt, das nicht abgebildet ist, wenn ihr wisst, wie es heißt.

Exemple de dialogue

– Bonjour madame.

– Bonjour monsieur, qu'est-ce que je vous sers ?

– Je voudrais du pain, s'il vous plaît.

– Du pain aux céréales[2] ou une baguette ?

– Combien ça coûte ?

– La baguette vaut 1,10 euro et le pain aux céréales 3,50 euros.

– Alors une baguette, s'il vous plaît.

– Avec ceci ?

– Quel est le prix des croissants et des pains au chocolat ?

– 90 centimes le croissant et 1 euro la chocolatine.

– Oh ! C'est un peu cher pour moi ! Alors seulement une baguette, s'il vous plaît.

1 se renseigner sur: *sich über etw. informieren* – 2 le pain aux céréales: *das Körnerbrot*

– Très bien, ça vous fait 1,10 euro.

– Je suis désolé, je n'ai pas la monnaie.

– Ce n'est pas grave, voici 3,90 euros qui font 5 euros.

– Merci madame, au revoir.

– Au revoir monsieur, et bonne journée !

So ist es richtig.
- Der Kunde hat sich höflich verhalten:
  – er begrüßt die Verkäuferin und verabschiedet sich von ihr: *bonjour madame, au revoir*;
  – er verwendet *s'il vous plaît* und *merci*;
  – er entschuldigt sich: *je suis désolé*.
- Er sagt genau, was er haben möchte: *je voudrais…*
- Er fragt nach dem Preis: *Combien ça coûte ? Quel est le prix de…?*
- Er nennt die Mengen: *une baguette, alors seulement une baguette.*

Achtung! *1,10 euro* spricht sich *un euro dix*; *3,50 euros*: *trois euros cinquante.*

Und jetzt …

Vous êtes à Lyon avec votre famille et vous voulez aller à Marseille en train. Vous vous renseignez[1] sur les tarifs[2] et les horaires[3], vous réservez les billets et vous payez.

Ihr müsst eine Fahrkartenreservierung in Frankreich spielen. Ihr müsst zeigen, dass ihr die Höflichkeitsformeln kennt und dass ihr Informationen einholen und geben könnt (Preise, Abfahrtzeiten, Datum usw.).

Exemple de dialogue

– Bonjour monsieur.

– Bonjour.

– J'aimerais aller à Marseille avec ma famille. Combien de temps dure le voyage ?

– 1 heure 40.

– Oh, c'est très rapide ! Le train part à quelle heure ?

– Il y a un train toutes les heures. Vous voulez partir le matin ou l'après-midi ?

– Le matin.

– 9 h 07, ça vous va ?

– Oui, parfait.

– Aller simple ou aller-retour ?

– Aller simple, s'il vous plaît.

– Vous voulez partir quel jour ?

– Le 16 juin. C'est pour quatre personnes.

– Tous adultes ?

– Non, deux adultes, mon petit frère de cinq ans et moi.

– Vous avez quel âge, s'il vous plaît ?

– Douze ans. Pourquoi ?

– Il y a un tarif spécial pour les jeunes de moins de douze ans.

– Ah, d'accord ! Et combien ça va faire pour nous quatre ?

1 se renseigner: *sich informieren* – 2 le tarif: *der Preis* – 3 l'horaire *m*.: *die Uhrzeit*

– Cent euros.

– Bon, on prend les billets maintenant.

– Vous payez comment ?

– Mon père va payer avec sa carte.

– Et voici vos billets ! Au revoir, bonne journée !

– Merci monsieur, à vous aussi ! Au revoir !

So ist es richtig.
- Der Kunde ist höflich:
  - er begrüßt den Angestellten und verabschiedet sich von ihm: *bonjour monsieur, au revoir*;
  - er sagt *merci*;
  - er verwendet das Wort „mögen": *j'aimerais…*
- Er stellt Fragen: zur Dauer (*Combien de temps dure le voyage ?*), nach der Abfahrtszeit (*Le train part à quelle heure ?*), nach dem Preis (*Combien ça va faire… ?*).
- Er gibt die notwendigen Auskünfte: *le matin* (die gewünschte Zeit), *aller simple* (die Art der Fahrt), *le 16 juin* (das Datum), *quatre personnes* (die Anzahl der Reisenden), *avec sa carte* (die Zahlung-art).

→ À vous !

Activité 10

Voici un dialogue entre la caissière[1] d'un cinéma et un spectateur[2]. Le spectateur veut acheter une place.

1. Remettez dans l'ordre[3] les questions et les réponses des deux personnages.

2. Jouez la situation.

Lest euch die Arbeitsanweisung gut durch, damit ihr die wichtigen Punkte erkennt:
1. der Ort, 2. die Personen, 3. die Tätigkeit.
- Der Ort = eine Kinokasse.
- Die Personen = die Kassiererin und der Zuschauer.
- Die Tätigkeit = eine Eintrittskarte kaufen.

.... **a.** – *Safari*.

.... **b.** – Bon, je prends une place. C'est combien ?

.... **c.** – Avec la réduction moins de 25 ans, c'est 5 euros.

.... **d.** – Merci. À tout à l'heure.

.... **e.** – Voilà 5 euros.

.... **f.** – Pour quel film ?

.... **g.** – Bonjour, je voudrais une place, s'il vous plaît.

.... **h.** – C'est complet ? À quelle heure est la suivante ?

.... **i.** – La séance est commencée depuis 15 minutes et c'est complet.

.... **j.** – Dans 2 heures.

1 le/la caissier/-ière: *der/die Kassierer/in* – 2 le/la spectateur/-trice: *der/die Zuschauer/in* – 3 remettre dans l'ordre *m.*: *die Reihenfolge wiederherstellen*

Activité 11

Activité par paires

Voici des cartons jaunes avec des situations et des cartons verts avec des personnages.

1. Associez[1] chaque carton jaune avec le carton vert qui correspond[2].

2. Par deux, vous jouez la scène décrite[3] sur le carton jaune en quatre répliques[4] maximum.

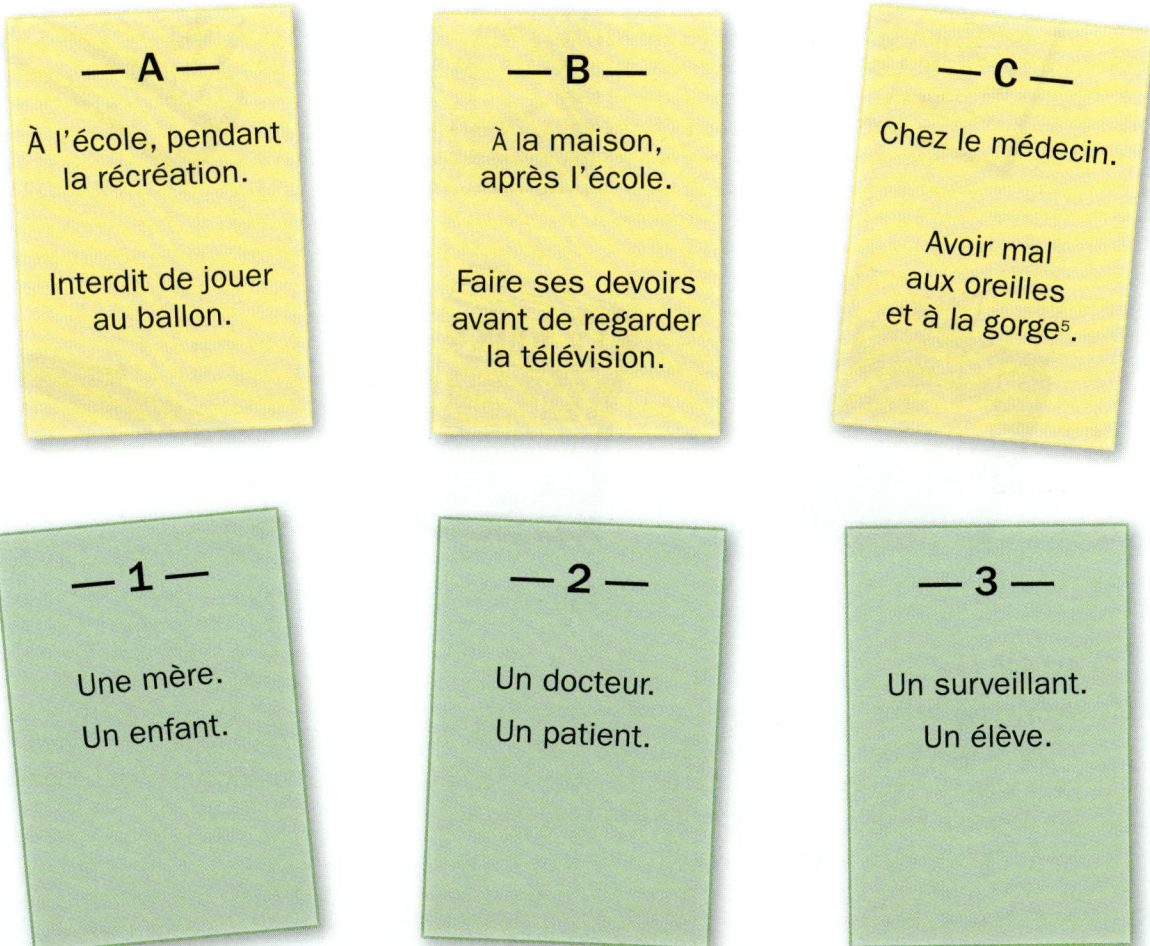

— A —

À l'école, pendant
la récréation.

Interdit de jouer
au ballon.

— B —

À la maison,
après l'école.

Faire ses devoirs
avant de regarder
la télévision.

— C —

Chez le médecin.

Avoir mal
aux oreilles
et à la gorge[5].

— 1 —

Une mère.

Un enfant.

— 2 —

Un docteur.

Un patient.

— 3 —

Un surveillant.

Un élève.

1 associer: *verbinden* – 2 correspondre à qc: *etw. entsprechen* – 3 décrit/e: *beschrieben* – 4 la réplique: *die Aussage* – 5 la gorge: *der Hals*

Activité 12

Activité par paires

Jouez la scène avec votre voisin/e.

Vous êtes en France chez le marchand de journaux[1]. Vous vous renseignez[2] sur les prix, vous choisissez quelques articles et vous payez.

Activité 13

Activité par paires

Jouez la scène avec votre voisin/e.

Vous êtes en France dans un salon de thé. Vous vous renseignez sur les produits, vous choisissez une boisson et quelque chose à manger. Vous payez.

CARTE

☀ *Croissant :* 1 €	☀ *Chocolat :* 2,30 €
☀ *Pain au chocolat :* 1,20 €	☀ *Café :* 2 €
☀ *Tarte au citron :* 2,50 €	☀ *Thé :* 2,10 €
☀ *Tarte aux pommes :* 2,30 €	☀ *Eau minérale :* 2,50 €
☀ *Autres pâtisseries :* nous consulter	☀ *Soda :* 2,80 €

1 le/la marchand/e de journaux: *der/die Kioskverkäufer/in* – 2 se renseigner: *sich informieren*

Activité 14

Activité par paires

Jouez la scène avec votre voisin/e.
Vous êtes en France et vous voulez faire du sport. Vous allez à l'association[1] sportive de votre quartier, vous vous renseignez[2] sur les cours, les horaires[3] et les prix et vous vous inscrivez[4].

Activité 15

Activité par paires

Jouez la scène avec votre voisin/e.
Vous êtes en France avec vos parents et vous voulez aller de Strasbourg à Bordeaux en avion[5]. Vous allez dans une agence de voyages[6], et vous vous renseignez sur les horaires[7] et le prix des vols[8]. Vous réservez et vous achetez les billets.

1 l'association *f.*: *der Verein* – 2 se renseigner: *sich informieren* – 3 l'horaire *m.*: *der Stundenplan* – 4 s'inscrire: *sich anmelden* – 5 l'avion *m.*: *das Flugzeug* – 6 l'agence de voyage *f.*: *das Reisebüro* – 7 l'horaire *m.*: *der Fahrplan* – 8 le vol: *der Flug*

SELBSTEINSCHÄTZUNG

Ich kann mich auf einfache Weise unterhalten, wenn der/die Gesprächspartner/in mir hilft und langsam wiederholt.

Ich kann einfache Fragen stellen und beantworten, über Themen die mir vertraut sind.

Ich kann meinen Wohnort sowie Leute, die ich kenne, beschreiben.

Zum Beispiel:	☺	😐	☹
Ich kann über mich sprechen, mich zu meinem Geschmack auf einfache Weise äußern (ich mag, ich hasse usw.).			
Ich kann Antworten und Fragen zu vertrauten Themen stellen (meine Familie, meine Freunde, meine Freizeitbeschäftigungen, meine Schule).			
Ich kann um Auskunft bitten und jemandem Auskünfte erteilen.			
Ich kann Mengenangaben machen.			
Ich kann eine Rolle in einer Alltagssituation spielen (z.B. ein Einkauf, eine Bestellung im Restaurant, eine Reservierung, eine Anmeldung).			

Une année en France

Vous venez d'arriver en France pour une année scolaire complète.

La famille — 1 — p.76
Vous faites connaissance avec la famille de votre correspondant.

Les animaux de compagnie — 2 — p.79
Vous faites aussi la connaissance du chat et du chien de la famille.

La nourriture — 3 — p.83
Vous découvrez les habitudes alimentaires des Français.

Les modes de déplacement — 7 — p.103
Vous apprenez à faire du roller pour vous déplacer en ville.

La vie politique — 6 — p.100
Au collège, vous élisez des représentants d'élèves.

Les métiers — 5 — p.95
Vous découvrez le métier que veulent faire vos nouveaux camarades.

L'école — 4 — p.86
COLLÈGE
Vous visitez votre école.

Les loisirs — 8 — p.106
Vous passez une journée dans un parc d'attractions.

Les fêtes et traditions — 9 — p.109
Vous participez à la Fête de la Musique à Paris.

Les vacances — 10 — p.112
Votre famille d'accueil prépare ses vacances.

Vous repartez dans votre pays avec des cadeaux et des souvenirs.

La famille

Votre correspondant vous présente[1] ses parents, son grand frère et sa petite sœur. Puis, ensemble, vous regardez l'album photo familial et découvrez[2] le reste de la famille.

➡ Votre correspondant a un grand frère, Clément, et une petite sœur, Amandine : trois enfants, c'est beaucoup aujourd'hui en France ! La « famille type » française compte[3] en effet deux enfants en moyenne[4], plus précisément 2,02 enfants d'après les démographes (les spécialistes qui étudient la population). La France est le pays d'Europe qui a le nombre moyen d'enfants le plus élevé[5] par femme ; on appelle cela le *taux de fécondité*.

➡ Voici maintenant une photo prise au mariage[7] de Laura, la cousine de votre correspondant du côté[8] paternel, c'est-à-dire du côté de son père : elle s'est mariée à 23 ans. L'âge moyen des Françaises au moment de leur mariage est de 29,5 ans, et 31,5 ans pour les hommes. Son mari, Karim, est marocain[9]. En France, un mariage sur quatre environ est un « mariage mixte ». Cela veut dire que l'un des deux est étranger[10], comme pour Laura et Karim.

➡ Sur cette photo, voici Charles, 78 ans, et Mireille, 75 ans, les parents de la mère de votre correspondant. On les appelle *les grands-parents maternels*. Aujourd'hui, les gens vivent plus longtemps grâce au confort et aux progrès de la médecine. Saviez-vous que l'espérance de vie des bébés français nés en 2008 est en moyenne de 77 ans pour les garçons et de 84 ans pour les filles ? On désigne[6] par *espérance de vie*, la durée moyenne de vie pour une personne dans un pays donné.

1 présenter: *vorstellen* – 2 découvrir: *entdecken* –
3 compter: *zählen* – 4 la moyenne: *der Durchschnitt* –
5 élevé/e: *hoch* – 6 désigner: *bezeichnen* – 7 le mariage: *die Hochzeit* – 8 le côté: *die Seite* – 9 marocain/e:
marokkanisch – 10 étranger/-ère: *ausländisch*

Aujourd'hui, Laura et Karim vont bientôt avoir leur premier bébé : Laura a presque 30 ans, c'est l'âge moyen des Françaises au moment où elles ont leur premier enfant.

En France, on a le droit de donner à l'enfant le nom du père ou de la mère ou les deux noms ; la décision[1] est prise au moment où on déclare[2] la naissance[3] dans les bureaux d'état civil[4]. Les parents peuvent choisir n'importe quel prénom pour leur enfant, mais si ce prénom risque de poser problème à l'enfant au cours de sa vie, l'officier[5] d'état civil a le droit de s'opposer[6] au prénom choisi par les parents, pour le bien de l'enfant.

➥ Sur cette photo, on voit d'autres cousins de votre correspondant, tous plus âgés que lui :

– Voici Jérôme, au milieu[7] : à 24 ans, il est toujours célibataire, comme plus de 10 millions de Français. Le terme *célibataire* désigne, dans l'état civil, une personne qui n'est pas mariée[8].

– Regardez son frère Antoine, sur la même photo. Il a une petite amie, Charline. Eux aussi sont célibataires, et pourtant[9] ils habitent ensemble depuis trois ans. Comme eux, 15 % des Français qui vivent en couple[10] le font en *union libre*[11].

– À droite de Jérôme, c'est Vanessa, une autre cousine : elle vient d'avoir 18 ans, elle est donc une adulte[12], elle est *majeure*. Mais *être majeur(e)*, qu'est-ce que cela veut dire ?

• On peut prendre tout seul des décisions : travail, études, argent… Les parents ne peuvent plus obliger[13] leur enfant à faire quelque chose.

• On peut voter[14] pour toutes les élections au suffrage universel[15] (voir « La vie politique », page 100).

• On peut passer l'examen[16] du permis de conduire[17].

1 la décision: *die Entscheidung* – 2 déclarer: *anmelden* – 3 la naissance: *die Geburt* – 4 le bureau d'état civil m.: *das Standesamt* – 5 l'officier m.: *der Beamte* – 6 s'opposer: *ablehnen* – 7 le milieu: *die Mitte* – 8 marié/e: *verheiratet* – 9 pourtant: *trotzdem* – 10 vivre en couple: *als Paar zusammen leben* – 11 l'union libre f.: *wilde Ehe* – 12 l'adulte m./f.: *der/die Erwachsene* – 13 obliger: *zwingen* – 14 voter: *wählen* – 15 l'élection au suffrage universel f.: *die direkte und allgemeine Wahl* – 16 l'examen m.: *die Prüfung* – 17 le permis de conduire: *der Führerschein*

➥ Votre correspondant vous montre une dernière photo : on voit son oncle maternel et sa « famille recomposée[1] ». Avant, son oncle Louis était marié avec Nathalie et, ensemble, ils ont eu Vanessa. Mais Louis et Nathalie ont divorcé[2] (en 2006, le taux[3] de divorce en France était de 2,2 pour 1 000 habitants). Plus tard, Louis a rencontré Justine, qui formait avec son fils Guillaume une famille monoparentale, c'est-à-dire avec un seul parent. Louis et Justine se sont mariés, et ont créé avec tous leurs enfants, une nouvelle famille appelée *famille recomposée*, celle de la photo. En France, il y a plus de 700 000 familles recomposées comme celle de Louis et Justine.

À VOUS DE JOUER !

? **Pour une première rencontre avec la famille de votre correspondant, cela fait beaucoup d'informations ! À vous maintenant de montrer quelques photos personnelles et de présenter votre famille !**

QUIZ **Répondez par « vrai » ou « faux » à chacune des affirmations suivantes.**

	VRAI	FAUX
1. Les démographes étudient la population.		
2. La famille type française compte trois enfants.		
3. Une petite Française née en 2008 a une espérance de vie de 84 ans.		
4. Un couple mixte est constitué de deux Français.		
5. L'âge moyen des Françaises pour avoir leur 1er enfant est de 28 ans.		
6. L'officier d'état civil choisit le prénom des enfants.		
7. On peut être célibataire et, en même temps, avoir un petit copain ou une petite copine.		
8. En France, on est majeur à 18 ans.		
9. Il y a les deux parents dans une famille monoparentale.		
10. Il y a plus d'un million de familles recomposées en France.		

1 la famille recomposée: *die Patchworkfamilie* – 2 divorcer: *sich scheiden lassen* – 3 le taux: *die Quote*

Les animaux de compagnie[1]

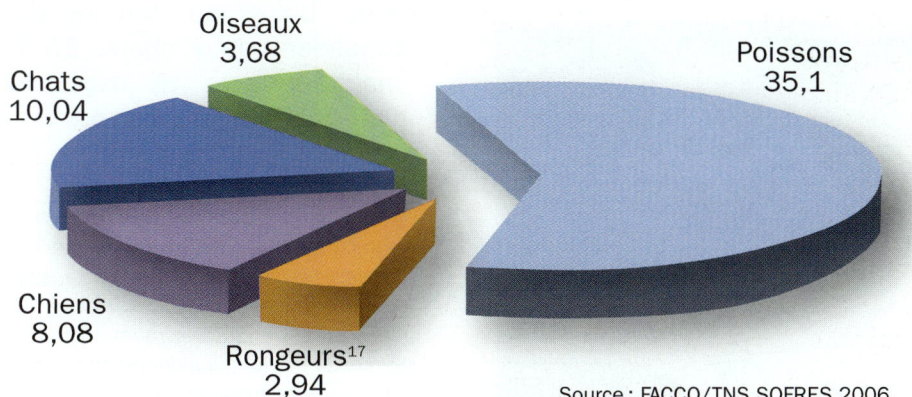

Dans votre famille française, il y a un chien et deux chats, sans oublier Pistache, le cochon d'Inde de la petite sœur de votre correspondant. Nos « amis à quatre pattes[2] » sont très appréciés[3] des Français. Sont-ils les seuls ? Quels sont les animaux préférés des Français ?

On peut facilement imaginer[4] qu'un jour, il y aura presque autant d'animaux de compagnie que de Français dans notre pays ! Les Français aiment les animaux : il y a des émissions sur les animaux à la télévision, comme *Trente millions d'amis*, des magazines, des sociétés[5] pour la protection des animaux comme la **SPA** (Société protectrice des animaux).

➥ **La population française compte environ 65 millions d'habitants et près de 60 millions d'animaux domestiques[6].**

50,6 % des foyers[7] français ont un animal à la maison.

En trente ans, la population de nos compagnons[8] domestiques a augmenté[9] régulièrement et la France occupe la première place des pays européens dans ce domaine[10].

1971	7 millions de chiens et 6 millions de chats
2008	8 millions de chiens et 9 millions de chats

Une niche

Aujourd'hui, l'animal de compagnie occupe une place importante. Il est passé du jardin (le chien dans une niche à l'extérieur[11]) au garage (il n'entrait pas dans la maison), puis au salon[12] et, maintenant, il couche[13] parfois dans la chambre de ses maîtres[14]. Pour certains propriétaires[15], l'animal occupe une place proche[16] de celle d'un enfant (plus de 50 % des propriétaires de chiens n'ont pas d'enfant).

Population animale (en millions)

Oiseaux 3,68
Poissons 35,1
Chats 10,04
Chiens 8,08
Rongeurs[17] 2,94

Source : FACCO/TNS SOFRES 2006.

1 l'animal de compagnie *m.*: *das Haustier* – 2 la patte: *die Pfote* – 3 apprécier: *schätzen* – 4 imaginer: *denken* – 5 la société: *der Verein* – 6 l'animal domestique *m.*: *das Haustier* – 7 le foyer: *der Haushalt* – 8 le compagnon: *hier: vierbeiniger Freund* – 9 augmenter: *steigen* – 10 le domaine: *der Bereich* – 11 à l'extérieur *m.*: *draußen* – 12 le salon: *das Wohnzimmer* – 13 coucher: *schlafen* – 14 le/la maître/sse: *der/die Herr/in* – 15 le/la propriétaire: *der/die Besitzer/in* – 16 proche: *hier: vergleichbar* – 17 le rongeur: *das Nagetier*

Vous faites aussi la connaissance du chat et du chien de la famille.

Un labrador

Un caniche

Un chat

LE HIT PARADE DES COMPAGNONS

♥♥♥♥♥ N° 1 Le chien

Il est l'ami des enfants, le gardien[1] et le protecteur[2]. En 2006, 25 % des foyers français possèdent[3] un chien. Le caniche est le chien préféré des Français avec le labrador. 39 % des chiens vivent à la campagne et peuvent courir et profiter[4] des grands espaces[5]. 30 % vivent dans des villes de plus de 100 000 habitants et dans l'agglomération[6] parisienne.

À Paris, il y a plus de 150 000 chiens. Ils produisent seize tonnes de déjections[7] par jour dans les rues ! La pollution[8] canine représente une des sources majeures[9] de mécontentement[10] des piétons[11] parisiens : 70 % d'entre eux la considèrent comme la première cause de malpropreté[12], même si des motos spéciales, appelées *motocrottes* ou *caninettes*, nettoyaient[13] les trottoirs régulièrement. Maintenant, ces motos sont remplacées[14] par des *canisettes*, petits espaces en forme de U à côté des trottoirs, réservés aux chiens afin que ceux-ci puissent y faire leurs besoins[15].

♥♥♥♥ N° 2 Le chat

Le chat devient l'animal le plus présent dans de nombreux pays comme la Grande-Bretagne mais aussi les États-Unis. Un grand nombre de Français possèdent deux chats. En France, un chat sur trois vit exclusivement[16] à l'intérieur[17] de la maison.

1 le/la gardien/ne: *der/die Wächter/in* – 2 le/la protecteur/-trice: *der/die Beschützer/in* – 3 posséder qc: *etw. besitzen* – 4 profiter: *ausnutzen* – 5 les grands espaces *m. pl.*: *große Fläche* – 6 l'agglomération *f.*: *der Ballungsraum* – 7 la déjection: *der Hundekot* – 8 la pollution: *die Umweltverschmutzung* – 9 la source majeure: *die Hauptquelle* – 10 le mécontentement: *die Unzufriedenheit* – 11 le/la piéton/ne: *der/die Fußgänger/in* – 12 la malpropreté: *die Unsauberkeit* – 13 nettoyer: *säubern* – 14 remplacer: *ersetzen* – 15 faire ses besoins: *sein Geschäft verrichten* – 16 exclusivement: *ausschließlich* – 17 à l'intérieur *m.*: im Inneren

♥♥♥ N° 3 Les rongeurs

Deux millions de rongeurs en France ! Les lapins nains[1] et les cochons d'Inde ont la préférence des enfants et des parents. Ils sont plus petits que les chiens ou les chats et n'ont pas besoin[2] de beaucoup de place. De plus, ils restent[3] dans leur cage[4] et peuvent se transporter plus facilement.

Un lapin

♥♥ N° 4 Les oiseaux

Les oiseaux sont moins à la mode aujourd'hui mais restent d'agréables amis peu gênants[5]. Une réglementation[6] sévère permet[7] de stopper le trafic[8] d'oiseaux sauvages[9] qui risquait de faire disparaître[10] de la planète des espèces[11] déjà rares. Les propriétaires d'oiseaux d'appartement ont un très grand choix de cages pour leurs compagnons.

Des perruches

♥ N° 5 Les poissons

Les aquariums français sont de plus en plus peuplés[12] (35 millions de poissons !). Il y a le poisson rouge gagné à une fête de l'école et il y a les poissons moins ordinaires avec des couleurs variées[13] et exceptionnelles[14]. S'occuper de certaines variétés[15] de poissons demande une attention et une connaissance particulières[16]. Les amateurs[17] sont plus souvent des adultes[18] ! Le poisson rouge dans son bocal[19] reste le compagnon silencieux[20] de l'enfant.

Un poisson rouge

1 le lapin nain: *das Zwergkaninchen* – 2 avoir besoin de qc: *etw. brauchen* – 3 rester: *bleiben* – 4 la cage: *der Käfig* – 5 gênant/e: *störend* – 6 la réglementation: *die Regelung* – 7 permettre: *erlauben* – 8 le trafic: *der Schwarzhandel* – 9 sauvage: *wild* – 10 faire disparaître: *aussterben lassen* – 11 l'espèce f.: *die Sorte* – 12 peuplé/e: *bevölkert* – 13 varié/e: *vielfältig* – 14 exceptionnel/le: *außergewöhnlich* – 15 la variété: *die Sorte* – 16 particulier/-ère: *besonderer/besondere* – 17 l'amateur/-trice: *der/die Liebhaber/in* – 18 l'adulte m./f.: *der/die Erwachsene* – 19 le bocal: *das Glas* – 20 silencieux/-euse: *still/stumm*

CONNAISSEZ-VOUS LES « NAC » ?

Les NAC sont les **n**ouveaux **a**nimaux **d**omestiques.

Un vétérinaire[1] de Lyon a créé[2] cette expression en 1980 parce qu'il était étonné[3] de voir souvent en consultation[4] des animaux exotiques et de petits rongeurs. Il a établi[5] une liste qui regroupe[6] un très grand nombre d'espèces qui peuvent être des espèces exotiques et rares, des espèces déjà domestiquées comme les rats ou les furets et des espèces avec une mauvaise réputation[7] comme les serpents ou les araignées[8].

↪ **Voici quelques exemples de nouveaux amis de l'homme :**

Un serpent

- les souris,
- les rats,
- les furets,
- les serpents,
- les tortues,
- les araignées,
- et même les escargots[9] et les grenouilles[10] !

Un furet

À VOUS DE JOUER !

 QUIZ **Répondez par « vrai » ou « faux » à chacune des affirmations suivantes.**

	VRAI	FAUX
1. La SPA est une émission de télévision sur les animaux.		
2. En France, les chats sont plus nombreux que les chiens.		
3. L'animal préféré des jeunes Français est le lapin.		
4. Le poisson rouge a besoin d'un grand aquarium.		
5. NAC est le nom d'une nouvelle variété d'oiseau.		

1 le/la vétérinaire: *der Tierarzt / die Tierärztin* – 2 créer: *erschaffen* – 3 étonner: *überraschen* – 4 la consultation: *die Sprechstunde* – 5 établir: *erstellen* – 6 regrouper: *zusammenfassen* – 7 la réputation: *der Ruf* – 8 l'araignée *f.*: *die Spinne* – 9 l'escargot *m.*: *die Schnecke* – 10 la grenouille: *der Frosch*

La nourriture[1]

La nourriture
3
p.83

Vous découvrez les habitudes alimentaires des Français.

En famille ou à la cantine, vous découvrez ce que les Français aiment manger…

Pour votre arrivée[2], votre famille d'accueil a préparé[3] un repas[4] traditionnel composé de plats[5] provenant[6] de différentes régions de France :

- une salade niçoise en entrée : c'est un plat typique de la ville de Nice, dans le Sud-Est de la France, à base de tomates, oignons, olives, artichauts[7], anchois[8] et œufs durs ;
- un poulet[9] basquaise en plat principal : c'est un plat du pays basque[10], dans le Sud-Ouest de la France ; il est composé[11] de poulet, tomates, oignons et poivrons[12] ;
- un plateau de fromages français : camembert de Normandie (au nord-ouest de la France), roquefort de l'Aveyron (au sud), chabichou du Poitou (à l'ouest) et munster d'Alsace (au nord-est) ;
- un far breton en dessert, c'est-à-dire un gâteau à base de[13] lait, de farine et d'œufs avec des pruneaux[14]. La recette vient de Bretagne, dans la partie la plus à l'ouest de la France.

En général, les repas ne comprennent pas tous les jours une entrée, un plat, du fromage et un dessert, mais souvent un plat unique[15] avec une entrée ou un dessert. Pour les repas de famille ou les occasions spéciales, le repas comptera généralement ces quatre éléments, et peut-être même deux plats au lieu d'un (généralement, un plat de poisson puis un plat de viande[16]), et de la salade avec le fromage !

↪ La gastronomie

La France est très riche sur le plan gastronomique : chaque région produit différents plats, fromages, confiseries (bonbons) ou boissons ! Imaginez, on compte 265 variétés de fromages dans tout le pays !

Voici quelques exemples pour illustrer la variété culinaire des régions françaises :

1. les crêpes bretonnes (Nord-Ouest)
2. les caramels au beurre salé (Nord-Ouest)
3. la quiche Lorraine (Nord-Est)
4. la choucroute (Nord-Est)
5. le roquefort (Sud-Ouest)
6. les cannelés de Bordeaux (Sud-Ouest)
7. la bouillabaisse (Sud-Est)
8. la tomme de Savoie (Sud-Est)
9. le nougat de Montélimar (Sud-Est)

1 la nourriture: *die Ernährung* – 2 l'arrivée *f.*: *die Ankunft* – 3 préparer: *vorbereiten* – 4 le repas: *die Mahlzeit* – 5 le plat: *das Gericht* – 6 provenir: *stammen* – 7 l'artichaut *m.*: *die Artischocke* – 8 l'anchois *m.*: *die Anchovis* – 9 le poulet: *das Hähnchen* – 10 le pays basque: *das Baskenland* – 11 être composé de: *bestehen aus* – 12 le poivron: *die Paprika* – 13 à base de: *mit … als Hauptzutaten* – 14 le pruneau: *die Pflaume* – 15 unique: *Haupt-* (+ Nomen) – 16 la viande: *das Fleisch*

➡ Les repas quotidiens

À la cantine (voir « L'école », page 93), les élèves mangent différents types de plats : des plats régionaux traditionnels, mais aussi des plats plus simples comme du poulet rôti, un steak frites ou des bâtonnets de poisson pané. Les Français aiment aussi beaucoup les plats étrangers ; certains ont été adoptés depuis très longtemps et font partie des spécialités mangées en famille ou à la cantine : couscous du Maroc, paëlla espagnole, pizzas italiennes, moussaka grecque, etc.

L'essentiel[1], à l'école comme en famille, est de manger équilibré[2] et de faire un peu de sport chaque jour. Pour protéger les jeunes du *grignotage* (*grignoter* : fait de manger entre les repas), la loi[3] interdit d'ailleurs aujourd'hui les distributeurs[4] de sodas et d'aliments gras, sucrés ou salés, dans les écoles. Bien sûr, de temps en temps, on peut faire des exceptions et aussi aller manger des aliments différents dans une chaîne de restauration rapide, mais il ne faut pas y aller trop souvent !

Source : www.inpes.sante.fr

À midi, chacun peut manger de son côté : les enfants à la cantine, les parents au restaurant d'entreprise, dans une brasserie ou au bureau avec une salade, un sandwich ou un plat individuel allégé (c'est-à-dire avec moins de graisse, de sel et de sucre ; c'est très à la mode dans la France contemporaine). Alors le soir, chez 34 % des Français, tout le monde dîne ensemble autour du même repas pour parler de sa journée et passer un moment agréable. Mais un Français sur 8 préfère manger seul devant la télévision avec un plateau-repas.

En France, dans la très grande majorité des cas, ce sont les femmes qui font à manger, mais 44 % des hommes disent participer à la cuisine. Et pour bien cuisiner, les Français aiment aller chercher au marché de bons produits frais (fruits, légumes, fromages, poisson, volaille…). Les produits naturels, biologiques (obtenus sans produits chimiques) ou régionaux, connaissent beaucoup de succès en France aujourd'hui.

À vous maintenant de faire connaître la cuisine de votre pays !

1 l'essentiel *m.*: *die Hauptsache* – 2 équilibré/e: *ausgewogen* – 3 la loi: *das Gesetz* – 4 le distributeur: *der Automat*

À VOUS DE JOUER !

? **Placez sur la carte de France, sur leur région ou à côté de leur ville d'origine, le nom des plats servis pour le premier repas traditionnel français :** *salade niçoise, poulet basquaise, camembert, roquefort, chabichou, munster, far breton.* **Vous pouvez vous aider d'un dictionnaire ou d'Internet !**

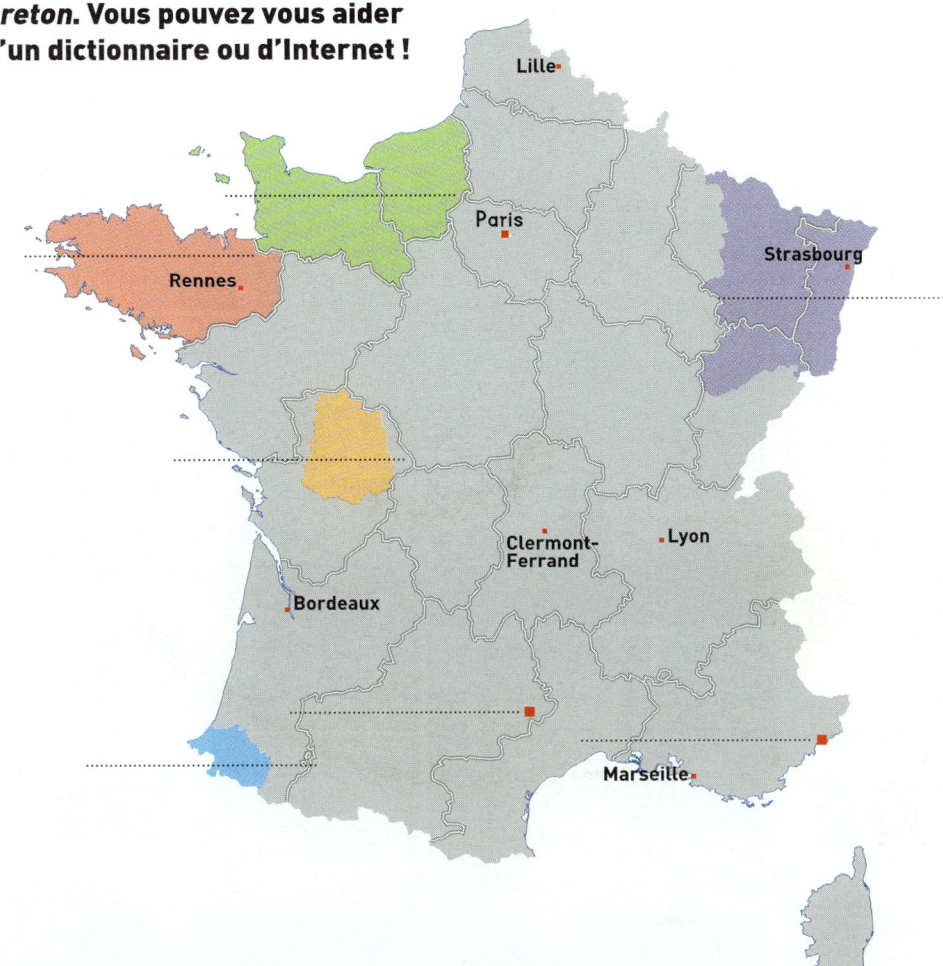

QUIZ **Répondez par « vrai » ou « faux » aux affirmations suivantes.**

	VRAI	FAUX
1. Les repas en France comportent toujours 5 plats, de l'entrée au dessert.		
2. Les confiseries sont des bonbons sucrés.		
3. Il y a 265 types de fromages en France.		
4. Le couscous est un plat traditionnel français.		
5. *Grignoter*, c'est manger entre deux repas.		
6. Les restaurants rapides sont interdits en France.		
7. Les plats allégés ont moins de graisse que les plats préparés ordinaires.		
8. En France, 44 % des hommes aident à faire la cuisine.		

L'école

Vous venez[1] d'arriver en France pour une année scolaire complète.
Visitez[2] votre collège et rencontrez de nouvelles personnes !

L'école p.86

4

COLLÈGE

Vous visitez votre école.

1 venir de faire qc: *gerade etw. getan haben* – 2 visiter: *besichtigen*

➡ **C'est le principal qui vous accueille. Il vous présente son équipe et les personnes avec qui vous serez en contact cette année.**

 BIENVENUE!

L'équipe de direction

Le collège est dirigé par un **principal**, assisté par un principal adjoint. Au lycée, les mêmes fonctions sont exercées[1] par un proviseur et un proviseur adjoint. L'équipe de direction est assistée de **secrétaires** et d'un **agent comptable**.

Le conseiller principal d'éducation

Il est chargé de diriger l'équipe administrative qui s'occupe[2] des élèves (surveillants). Ses fonctions principales sont de prendre contact avec les parents en cas de retards et d'absences[3] fréquents, de veiller[4] au maintien[5] de la discipline (pas de bagarre!) et de conseiller[6] les élèves s'ils ont des problèmes avec un camarade de classe ou pour s'intégrer dans leur groupe.

Les surveillants

Leur mission est de *surveiller*, c'est-à-dire :
- vérifier[7] le bon déroulement de la récréation et des heures d'étude, et parfois aussi des repas à la cantine ;
- valider les billets de retard et d'absence ;
- aller chercher les feuilles d'appel quotidiennes de chaque classe (c'est une feuille qui indique quels sont les élèves arrivés en retard et ceux qui sont absents).

Ce sont souvent des étudiants[8] qui font ce travail pour payer leurs études. On les appelle aussi familièrement *pions* et *pionnes*.

Le professeur principal

Il est responsable d'une classe pour toute une année scolaire : c'est lui qui accueille le groupe le premier jour d'école, qui indique l'emploi du temps et transmet[9] toutes les informations utiles aux parents.

Le conseiller d'information et d'orientation

C'est la personne qui informe les élèves et les parents sur les études à faire pour exercer un métier, et qui aide à choisir les options et les sections au lycée (voie générale, technique ou profesionnelle).

L'infirmière[10] scolaire

Quand on se sent mal pendant un cours ou si on se fait mal en sport, on peut aller à l'infirmerie. L'infirmière peut aussi informer les élèves sur des questions de santé qui les intéressent.
Parfois, il n'y a pas d'infirmière, ou elle n'est pas là tous les jours ; si on est malade, on va alors à la vie scolaire (voir page 92), et les parents et/ou un médecin sont appelés.

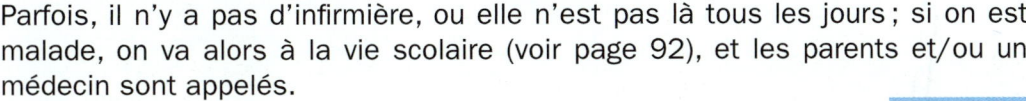

1 exercer: *ausüben* – 2 s'occuper de qc: *sich um etw. kümmern* – 3 l'absence *f.*: *die Abwesenheit* – 4 veiller à qc: *für etw. sorgen* – 5 le maintien: *die Beibehaltung* – 6 conseiller: *beraten* – 7 vérifier: *überprüfen* – 8 l'étudiant/e: *der/die Student/in* – 9 transmettre: *weitergeben* – 10 l'infirmier/-ière: *der Krankenpfleger / die Krankenschwester*

Le délégué de classe

Élu[1] au début de l'année scolaire par les élèves d'une classe, le délégué représente l'ensemble[2] des élèves au conseil de classe[3] : il transmet les demandes des élèves aux professeurs, et informe les élèves de ce que les professeurs ont décidé[4] pendant cette réunion[5].
Quand un/e élève doit sortir pendant la classe, le délégué l'accompagne[6].
Il y a généralement 2 délégués par classe.

Les élèves

En France, les classes sont mixtes ; cela veut dire que les filles et les garçons vont dans les mêmes classes. Il n'y a pas d'âge minimum ou maximum pour être dans une classe. Mais on ne peut pas arrêter l'école avant d'avoir 16 ans.

➥ Après ces présentations, le principal vous amène chez le conseiller d'information et d'orientation, qui va vous expliquer comment fonctionne le système scolaire[7] français et vous parler de certaines caractéristiques de l'école en France.

Le conseiller d'information et d'orientation commence par vous présenter rapidement le système scolaire français.

Le système scolaire français

Baccalauréat professionnel
· Terminale professionnelle

CAP
· 2e année de CAP
· 1re année de CAP

BEP
· Première professionnelle
· Seconde professionnelle

Baccalauréat technologique
· Terminale
· Première

Baccalauréat général
· Terminale
· Première

· Seconde générale et technologique

Diplôme national du brevet
· Troisième
· Quatrième
· Cinquième
· Sixième

Collège
Lycée général
Lycée professionnel

Source : http://fr.wikipedia.org

---

1 élu/e: *gewählt* – 2 l'ensemble *m.*: *das Ganze* – 3 le conseil de classe: *die Klassenkonferenz* – 4 décider: *entscheiden* – 5 la réunion: *die Sitzung* – 6 accompagner: *begleiten* – 7 le système scolaire: *das Schulsystem*

Le collège dure quatre ans, de la 6e à la 3e ; les élèves ont entre 11 et 14 ans.

Avant, il y a l'école primaire[1], qui dure cinq ans et qui est obligatoire[2] ; les enfants ont entre 6 et 10 ans. Encore avant, il y a l'école maternelle[3], mais elle n'est pas obligatoire.

Après le collège, il y a le lycée, qui dure trois ans ; les élèves qui y vont ont en moyenne[4] entre 15 et 17 ans.

Le conseiller d'information et d'orientation vous explique[5] maintenant quelques aspects de l'enseignement secondaire[6] en France, pour vous permettre[7] de mieux comprendre le fonctionnement[8] du collège et de vous intégrer plus facilement dans votre nouvelle classe.

L'emploi du temps

	Lundi	Mardi		Mercredi	Jeudi	Vendredi
08h00	Éducation physique & sportive Jestin	Anglais LV1 Pleyber C 117	Français Merceur C 213	Français Merceur C 213	Anglais LV1 Pleyber C 117	Espagnol LV2 Rabineau C 107
09h00		Physique-Chimie Boutet B 103		Technologie Ploe A3	Mathématiques Costiou C 10	Éducation musicale Delanney C 117
10h00	Littérature Comba C 105	Histoire & Géographie Commelin C 119	Technologie Ploe A3	Éducation physique & sportive Jestin	Histoire & Géographie Commelin C 119	Espagnol LV1 Rabineau B 107
11h00	Espagnol LV2 Rabineau C 120	Espagnol LV2 Rabineau C 120		Histoire & Géographie Commelin C 119	Arts plastiques Bellamy C 14	Anglais LV1 Pleyber C 117
12h00						
13h00	Histoire & Géographie Commelin C 119	Espagnol LV1 Rabineau B 107				Sciences Vie & Terre Aubert Marco B 107
14h30	Français Merceur C 213	Sciences Vie & Terre Aubert Marco B 107	Anglais LV1 Pleyber C 117		Français Merceur C 213	Physique-Chimie Boutet B 103
15h30	Mathématiques Costiou C 12	Mathématiques Costiou C 12			Littérature Comba C 104	Mathématiques Costiou C 13
16h30		Littérature Comba C 105				
17h00						

C'est l'organisation des cours pour chaque jour de la semaine et pour chaque classe : horaires, salle, professeur. L'emploi du temps est fixé pour l'année scolaire complète[9].

En France, les cours ont lieu les lundis, mardis, jeudis, vendredis toute la journée, et aussi le mercredi et/ou le samedi matin.

1 l'école primaire *f.: die Grundschule* – 2 obligatoire: *verpflichtend* – 3 l'école maternelle *f.: die Vorschule* – 4 en moyenne: *im Durchschnitt* – 5 expliquer: *erklären* – 6 l'enseignement secondaire *m.: die Sekundarstufe* – 7 permettre: *erlauben* – 8 le fonctionnement: *die Funktionsweise* – 9 complet/-ète: *ganz/komplett*

Les matières

Les matières obligatoires[1] pour tous les élèves sont le français, les mathématiques, les langues vivantes, l'histoire-géographie, les sciences de la vie et de la Terre (SVT), les sciences physiques et l'éducation physique et sportive (EPS) ; au collège, il y a aussi normalement un enseignement artistique (arts plastiques et/ou musique).

Plus tard, au lycée, les élèves peuvent choisir aussi des matières optionnelles (que l'on choisit d'étudier en plus des matières obligatoires) dans des domaines[2] très variés[3] (langue, économie, sciences, dessin, etc.).

Le carnet de liaison (ou carnet de correspondance)

C'est un petit cahier[4] qui permet[5] aux parents et à l'école de s'échanger[6] des informations :

- De l'école vers les parents : emploi du temps de l'élève, liste de ses professeurs, demande de rendez-vous avec les parents, notes obtenues[7] chaque mois et dans chaque matière. Tous les mois, les parents doivent signer[8] le relevé de notes[9] de leur enfant.

- Des parents vers l'école : justifications d'absences, excuses pour les retards, demandes exceptionnelles de sortie ; demandes de rendez-vous avec un professeur.

Le conseil de classe

C'est une réunion qui a lieu[10] tous les trois mois, avec l'ensemble des professeurs d'une classe, les représentants des parents et des élèves (délégués de classe) et le directeur de l'école ou son adjoint.

Cette réunion permet de faire un bilan de la classe (progrès[11] et problèmes), ainsi que d'analyser la situation de chaque élève personnellement : dans quelle matière il/elle fait des progrès / doit faire des progrès, où est-ce qu'il/elle s'est amélioré[12] / doit s'améliorer, quel problème est-ce qu'il/elle a eu pendant le trimestre qui explique sa situation ?

---

1 obligatoire: *verpflichtend* – 2 le domaine: *der Bereich* – 3 varié/e: *verschieden* – 4 le cahier: *das Heft* – 5 permettre: *ermöglichen* – 6 s'échanger: *austauschen* – 7 obtenir: *erhalten* – 8 signer: *unterschreiben* – 9 le relevé de notes: *die Noten* – 10 avoir lieu: *stattfinden* – 11 le progrès: *der Fortschritt* – 12 améliorer: *verbessern*

Les examens[1] (le brevet et le bac)

Dans l'enseignement secondaire français, on passe deux examens.

- *Le brevet des collèges (brevet)* : c'est un examen qui a lieu en troisième, la dernière année du collège. Il comporte[2] des épreuves[3] de français, mathématiques, histoire-géographie et éducation civique.

- *Le baccalauréat (bac)* : sans cet examen, il est parfois difficile de suivre des études supérieures.

Les notes

En France, les travaux des élèves sont notés sur 20 points : plus leur note est proche de 20, meilleure elle est.

La moyenne pour un examen ou un devoir se situe à 10/20 (10 sur 20) : c'est le minimum qu'il faut obtenir pour réussir un examen.

Les échanges scolaires

Ce sont des séjours linguistiques[4] que l'on fait chez un correspondant étranger qui étudie notre langue, en même temps que nous, nous étudions la sienne.

Les échanges scolaires durent[5] généralement d'une à trois semaines, ils sont organisés par deux écoles (une en France et l'autre dans un pays différent). Les élèves vivent[6] dans une famille. Par exemple, les élèves français vont à l'étranger[7] et sont logés[8] dans la famille de leur correspondant, et quelque temps plus tard, les familles françaises reçoivent[9] chez elles les correspondants étrangers.

Les vacances

Les écoliers français ont beaucoup de vacances :

- 10 jours à la Toussaint (octobre-novembre) ;
- 2 semaines à Noël (décembre-janvier) ;
- 2 semaines en hiver (février-mars) ;
- 2 semaines au printemps (mars-avril) ;
- 2 mois l'été (juillet-août).

Les *colles*

Le véritable[10] nom de cette punition[11] est *retenue* : ce sont des heures en dehors des cours (mercredi après-midi, samedi matin, le soir après les cours) où les élèves punis[12] par leurs professeurs doivent rester pour réfléchir[13] à leur comportement, faire des exercices supplémentaires[14] ou encore écrire des punitions (par exemple, copier[15] 100 fois la même phrase !).

Attention, c'est une punition grave[16] ! On la reçoit quand on est insolent[17], quand on a un comportement inadapté en classe, quand on s'est battu[18] avec un/e autre élève, etc.

1 l'examen *m.*: *die Prüfung* – 2 comporter: *enthalten* – 3 l'épreuve *f.*: *die Prüfung* – 4 le séjour linguistique: *der Sprachaufenthalt / die Sprachreise* – 5 durer: *dauern* – 6 vivre: *leben* – 7 l'étranger *m.*: *das Ausland* – 8 loger: *wohnen* – 9 recevoir qn: *jdn empfangen* – 10 véritable: *echt* – 11 la punition: *die Strafe* – 12 punir: *bestrafen* – 13 réfléchir à qc: *über etw. nachdenken* – 14 supplémentaire: *zusätzlich* – 15 copier: *abschreiben* – 16 grave: *schlimm* – 17 insolent/e: *frech* – 18 se battre: *sich schlagen*

↳ Votre délégué de classe vient vous chercher pour vous faire visiter les lieux[1].

❶ L'administration[2]

Ce sont les bureaux de l'école où travaillent le directeur, son adjoint, les secrétaires, les surveillants, le conseiller d'éducation, etc.

On appelle spécifiquement *vie scolaire* les bureaux du conseiller principal d'éducation et des surveillants.

❷ Le foyer

C'est une salle pour les élèves, ouverte généralement pendant la récréation et la pause de midi, où les élèves peuvent, toujours avec un surveillant, écouter de la musique, regarder la télévision, apprendre des activités manuelles[3], jouer à des jeux de société[4], prendre une boisson chaude ou fraîche, etc.

1 les lieux *m. pl.*: *die Örtlichkeiten* – 2 l'administration *f.*: *die Verwaltung* – 3 les activités manuelles *f. pl.*: *die Handarbeit* – 4 le jeu de société: *das Gesellschaftsspiel*

❸ La salle des professeurs

C'est une salle où se réunissent les professeurs pour discuter, travailler, boire un café. Les professeurs ont souvent un casier[1] dans lequel les élèves peuvent laisser leurs devoirs quand ils ont été malades.

❹ L'infirmerie

On va à l'infirmerie quand on est malade.

❺ L'internat

Ce bâtiment abrite les dortoirs[2] des élèves qui habitent loin du collège ou du lycée ; ils y dorment[3] la semaine et rentrent chez eux le week-end et pendant les vacances. Toutes les écoles n'ont pas d'internat.

❻ La cour de récréation

C'est l'endroit où on va pendant la pause entre les cours et/ou à midi. Pendant la *récré*, on peut courir, crier, jouer, parler fort, rire, sans déranger[4] les professeurs !

❼ Le gymnase et les terrains de sport

C'est là où ont lieu les cours d'éducation physique et sportive. La plupart des écoles ont des terrains de sports collectifs (football, basket, handball, rugby) ; parfois, elles ont aussi un gymnase où on peut pratiquer[5] la gymnastique, la danse, l'escrime, etc.

❽ Les salles de classe

Au collège, chaque groupe a souvent sa salle attribuée[6] pour toute l'année, sauf pour les cours spéciaux (sport, musique, dessin…) ; ce sont les professeurs qui se déplacent[7].

Au lycée, comme l'enseignement[8] se spécialise, les professeurs ont plus souvent leur salle avec leurs cartes, leurs affiches, etc., et ce sont les groupes qui changent de salle.

❾ La salle d'étude

Quand un professeur est absent, ou si on a une heure de libre[9] entre deux cours, on va dans la salle d'étude pour faire ses devoirs, avec des élèves qui viennent d'autres classes. Un surveillant est chargé de faire l'appel[10], de maintenir le silence dans la salle, et il peut aussi expliquer un exercice.

❿ La cantine

C'est le restaurant scolaire, où les élèves qui ne peuvent pas rentrer chez eux à midi peuvent rester déjeuner[11].

⓫ Le CDI (centre de documentation et d'information)

C'est la bibliothèque de l'école et un lieu où on peut faire des recherches (sur Internet, dans des logiciels), consulter des journaux et des magazines, etc.

---

1 le casier: *das Fach* – 2 le dortoir: *die Schlafräume* – 3 dormir: *schlafen* – 4 déranger: *stören* – 5 pratiquer qc: *etw. ausüben* – 6 attribuer: *zuteilen* – 7 se déplacer: *hier: den Raum wechseln* – 8 l'enseignement *m.: der Unterricht* – 9 libre: *frei* – 10 faire l'appel *m.: die Anwesenheit kontrollieren* – 11 déjeuner: *zu Mittag essen*

À VOUS DE JOUER !

 **QUIZ** Vos nouveaux camarades de classe vous ont préparé un test pour vérifier si vous avez bien compris toutes les informations données pendant cette journée d'accueil[1] : répondez par « vrai » ou « faux » aux affirmations suivantes.

Personnes

	VRAI	FAUX
1. Le délégué de classe représente tous les élèves de son groupe.		
2. Le conseiller d'orientation vous inscrit à l'université.		
3. En France, il y a des classes pour les filles et d'autres classes pour les garçons.		
4. Le pion est un surveillant.		
5. Le proviseur est le chef du collège.		

Système scolaire

6. Le lycée comporte quatre années de scolarité.		
7. L'école maternelle est obligatoire.		
8. Normalement, à 6 ans, on va à l'école primaire.		
9. Le collège commence avec la classe de première.		
10. La terminale est la dernière année du lycée.		

Spécifités de l'enseignement secondaire

11. Il faut avoir au moins 12 sur 20 pour réussir un examen en France.		
12. Le sport est une matière obligatoire.		
13. Il y a école le samedi après-midi en France.		
14. En France, l'école est obligatoire jusqu'à 18 ans.		
15. Il y a un conseil de classe par mois.		

Lieux

16. Les élèves français peuvent manger à l'école s'ils le souhaitent.		
17. Vous pouvez écouter de la musique pendant la récréation.		
18. Tous les collèges et lycées français ont un internat.		
19. Vous pouvez acheter des livres au CDI.		
20. Vous allez dans la salle d'étude quand vous n'avez pas cours.		

? **Répondez à vos camarades de classe. Choisissez quelques informations sur l'école en France, et comparez avec votre pays : dites ce qui est différent et s'il y a des points communs[2] !**

Et dans ton pays, c'est comment ?

1 l'accueil *m.*: *die Einführung* – 2 le point commun: *die Gemeinsamkeit*

Les métiers

Les métiers

5

p.95

Vous découvrez le métier que veulent faire vos nouveaux camarades.

Vous avez eu une présentation des métiers par la documentaliste du collège. Elle a utilisé les fiches du CIDJ (Centre d'information et de documentation jeunesse) et de l'Onisep (Office national d'information sur les enseignements et les professions).

· **Le CIDJ** est une association qui accueille[1] et informe les jeunes sur tous les domaines qui les concernent[2] : initiatives et projets, études[3], métiers, formation en alternance[4], orientation, emploi[5], formation continue, stages en entreprise[6], jobs d'été, séjours linguistiques, bourses[7], logement étudiant, mobilité internationale.

· **L'Onisep** est un établissement public sous tutelle du ministère de l'éducation nationale. Éditeur public, l'Onisep élabore[8] et diffuse[9] toute l'information sur les formations et les métiers auprès des élèves, des parents et des équipes éducatives.

Famille Environnement — **Marin pêcheur**

Famille Santé — **Dentiste**

Famille Santé — **Infirmier**

Famille Services — **Pompier**

Famille Éducation — **Professeur**

➡ **Regardons plus attentivement quatre métiers qui concernent les domaines de l'environnement, de la santé, de la culture et des sciences.**

GARDES (DE L'ENVIRONNEMENT) · · · · · · · · · ·

Un métier en plein air

Le garde-chasse[10], le garde-pêche[11], le garde du littoral[12], le garde-rivière et le garde des parcs nationaux ont pour mission de protéger l'environnement, la faune et la flore.

Surveiller, prévenir et punir

Les gardes sont comme des « policiers de la nature ». Par exemple, le garde-chasse lutte contre le *braconnage*[13]. Le garde-pêche surveille les pêcheurs. Le garde des parcs surveille les promeneurs[14] imprudents[15].

Informer

Ils informent les promeneurs, les chasseurs, les pêcheurs sur la préservation des milieux naturels.

Famille Environnement — **Garde du littoral**

1 accueillir: *empfangen* – 2 concerner: *betreffen* – 3 les études *f. pl.*: *das Studium* – 4 la formation en alternance: *die duale Ausbildung* – 5 l'emploi *m.*: *die Arbeit* – 6 le stage en entreprise: *das Praktikum* – 7 la bourse: *das Stipendium* – 8 élaborer: *ausarbeiten* – 9 diffuser: *veröffentlichen* – 10 le/la garde-chasse: *der/die Jagdhüter/in* – 11 le/la garde-pêche: *der/die Fischereiaufseher/in* – 12 le littoral: *die Küste* – 13 le braconnage: *die Wilderei* – 14 le/la promeneur/-euse: *der/die Spaziergänger/in* – 15 imprudent/e: *unvorsichtig*

Des emplois rares

En 2005, seuls 25 candidats ont réussi[1] le concours[2] d'agent technique de l'environnement :
- 18 gardes-chasses ;
- 7 gardes-pêche.

Revenus[3] du débutant[4]

1 100 à 1 500 euros par mois.

Compétences

- Ils aiment la nature et connaissent toutes les espèces[5] animales et végétales[6] présentes dans leur secteur[7]. Ils sont forts en botanique, zoologie et géographie.
- Sportifs, ils sont en bonne condition physique[8].

Pour en savoir plus

– Office national de la chasse et de la faune sauvage
www.oncfs.gouv.fr/recrutement

– Conseil supérieur de la pêche – Tél. : 01 45 14 36 00

– Centre de formation de l'eau et des milieux aquatiques – Tél. : 03 22 35 34 70

MÉDECIN •

Le médecin généraliste[9] suit régulièrement ses malades, dans son cabinet[10] ou en visite à domicile[11].

Le médecin spécialiste, lui, a une compétence précise et propre à un type d'affections[12]. Dans tous les cas, les médecins, qu'ils soient généralistes ou spécialistes, doivent être inscrits auprès du Conseil national de l'Ordre des médecins[13] pour pouvoir exercer.

Un emploi du temps chargé

En moyenne, il travaille 50 heures par semaine, à raison de 20 à 30 consultations par jour ! Et s'il est à la campagne, il passe beaucoup de temps sur les routes pour visiter ses patients. Actuellement, on compte plus de 200 000 médecins en exercice[14].

Famille Santé

Médecin

Revenus

De 1 600 à 5 000 euros par mois.

Compétences

Outre ses compétences médicales, le médecin généraliste possède des capacités d'endurance[15], aussi bien physiques que psychiques. Face à des pathologies (maladies) particulières et difficiles à vivre[16] par le patient, il doit aussi faire preuve de tolérance, de compréhension[17] et de tact.

---

1 réussir qc: *etw. bestehen* – 2 le concours: *der Wettbewerb* – 3 le revenu: *das Einkommen* – 4 le/la débutant/e: *der/die Anfänger/in* – 5 l'espèce f.: *die Spezies* – 6 végétal/e: *pflanzlich* – 7 le secteur: *das Revier* – 8 la condition physique: *die körperliche Verfassung* – 9 le médecin généraliste: *der Allgemeinmediziner* – 10 le cabinet: *die Praxis* – 11 à domicile: *zu Hause* – 12 l'affection f.: *hier: die Krankheit* – 13 le conseil national de l'Ordre des médecins: *die Ärztekammer* – 14 en exercice: *praktizierend* – 15 l'endurance f.: *die Ausdauer* – 16 vivre: *durchleben* – 17 la compréhension: *das Verständnis*

Pour en savoir plus

– Portail des métiers de la santé et du social
http://www.metiers.santesolidarites.gouv.fr/

– Campagne d'information et de promotion des métiers hospitaliers
www.lhopitalabesoindevous.fr/

– Conseil national de l'Ordre des médecins www.conseil-national.medecin.fr

– Association nationale des étudiants en médecine de France (ANEMF) www.anemf.org

COSTUMIER • • • • • • • • • • • • • • • • • • •

Le terme[1] **de costumier**[2] **recouvre**[3] **différents métiers.** Pour le théâtre, il est désigné sous les noms de costumier-réalisateur ou décorateur-costumier ; pour le cinéma et la télévision c'est l'habilleur[4], l'aide costumier, le créateur de costumes.

Ils ont le statut des intermittents du spectacle[5].

Famille Culture

Costumier

Que fait-il ?

· *Le créateur* peut imaginer[6] des costumes inédits[7] pour des films fantastiques, de science-fiction ou des ballets contemporains…

· *Le costumier-réalisateur* réalise les costumes sur commande[8] à partir de maquettes[9]. Il choisit les tissus[10] puis calcule les métrages et prépare les coupes[11]. Il contrôle la fabrication et organise les essayages[12].

· *L'habilleuse* assiste et habille les artistes[13]. Elle s'occupe[14] des costumes (entretien[15], retouches[16], rangement[17], transport).

Revenus

1 300 à 1 500 euros par mois.

Compétences

Il doit être malin[18] pour trouver des solutions aux problèmes techniques (par exemple, les changements[19] rapides de costumes ou les effets spéciaux[20]).

Études, formations

Il est conseillé d'avoir un diplôme de niveau bac + 2.

Pour en savoir plus

– Centre national du théâtre (CNT) www.cnt.asso.fr

– École nationale supérieure des arts et techniques du théâtre www.ensatt.fr

– École supérieure des arts décoratifs www.esad-stg.org

– Lycée Jules Verne (Sartrouville) www.lyceejulesverne.net

– Lycée La Source (Nogent-sur-Marne) Tél. : 01 48 73 22 98

1 le terme: *das Wort* – 2 le/la costumier/-ière: *der/die Kostümschneider/in* – 3 recouvrir: *abdecken* – 4 l'habilleur/-euse: *der/die Garderobier/e* – 5 l'intermittent/e du spectacle: *der/die freischaffende Künstler/in* – 6 imaginer: *kreieren* – 7 inédit/e: *neu* – 8 la commande: *die Bestellung* – 9 la maquette: *der Entwurf* – 10 le tissu: *der Stoff* – 11 la coupe: *der Schnitt* – 12 l'essayage m.: *die Anprobe* – 13 l'artiste m./f.: *der/die Künstler/in* – 14 s'occuper de qc: *sich um etw. kümmern* – 15 l'entretien m.: *die Instandhaltung* – 16 la retouche: *die Nachbesserung* – 17 le rangement: *das Ordnen, Aufräumen* – 18 malin/e: *trickreich* – 19 le changement (de costume): *das Umziehen* – 20 l'effet spécial m.: *der Spezialeffekt*

MÉTÉOROLOGUE ● ● ● ● ● ● ● ● ● ● ● ● ● ● ●

Le **météorologue** est un spécialiste des phénomènes atmosphériques[1]. Il étudie les pressions, les vents, les températures et tous les mouvements[2] de l'atmosphère, leurs causes[3] et leurs effets. C'est un scientifique[4] de très haut niveau, capable d'analyser les situations météo[5] afin d'établir des prévisions[6] et de prévenir[7] les risques de catastrophe naturelle (avalanche[8], inondation[9]...).

Que fait-il ?

Chargé de prévoir certains risques climatiques, comme les inondations, les avalanches, les incendies de forêts ou les pics de pollution, le météorologue a aussi pour mission d'assurer[10] la sécurité des personnes, en prévenant du danger, suffisamment[11] tôt.

Revenus

Techniciens : 1 450 à 2 800 euros par mois.

Ingénieurs : 1 800 à 4 000 euros par mois.

Compétences

Le goût pour l'observation, la précision, la rigueur[12] et la patience et, bien sûr, il faut s'exprimer couramment[13] en anglais, langue internationale de la météo.

Études, formations

Le météorologue est recruté sur concours.

Pour en savoir plus

– École nationale de la météorologie (ENM) www.enm.meteo.fr
– Centre national de recherches météorologiques www.cnrm.meteo.fr

À VOUS DE JOUER !

 **Répondez par « vrai » ou « faux » aux affirmations suivantes.**

	VRAI	FAUX
1. Pour faire ce métier, il faut être en bonne santé.		
2. Pour faire ce métier, il faut vouloir protéger la nature.		
3. Le garde-pêche pêche les poissons dans la mer.		
4. Le garde-chasse aide les chasseurs qui font du braconnage.		
5. Le salaire du débutant est en dessous de 1 100 euros.		

1 le phénomène atmosphérique: *das atmosphärische Phänomen* – 2 le mouvement: *die Bewegung* – 3 la cause: *die Ursache* – 4 le/la scientifique: *der/die Wissenschaftler/in* – 5 météo: *Wetter- (+ nomen)* – 6 établir une prévision: *eine Vorhersage machen* – 7 prévenir qc: *etw. verhindern* – 8 l'avalanche f.: *die Lawine* – 9 l'inondation f.: *die Überflutung* – 10 assurer: *sichern* – 11 suffisamment: *genug* – 12 la rigueur: *die Gründlichkeit* – 13 couramment: *fließend*

Famille Santé
Médecin

? Qui fait quoi ?
Associez les éléments.

1. Le dermatologue est spécialisé dans •

• **a.** les yeux.

2. Que soigne l'ophtalmologue ? •

• **b.** les maladies mentales[1].

3. Le pneumologue est le spécialiste pour •

• **c.** les enfants.

4. Le cardiologue est spécialisé dans •

• **d.** les personnes âgées.

5. Que soigne le psychiatre ? •

• **e.** les poumons[2].

6. Le pédiatre soigne •

• **f.** le cœur.

7. Le gérontologue prend en charge •

• **g.** les maladies de peau[3].

Famille Environnement
Météorologue

? Que dit-on dans votre langue ?

En français, on dit :	=	Et dans votre langue ?
1. *Il fait un temps[4] de chien.*	Il fait un très mauvais temps.	....
2. *Après la pluie[5], le beau temps.*	Il faut toujours garder de l'espoir[6].	....
3. *Faire la pluie et le beau temps.*	Être très puissant[7], décider[8] de tout.	....

Famille Culture
Costumier

QUIZ Répondez par « vrai » ou « faux »
aux affirmations suivantes.

	VRAI	FAUX
1. Il imagine et fabrique des costumes.		
2. Les costumes sont vendus dans les grands magasins.		
3. Il fait des costumes pour les artistes.		

1 la maladie mentale: *die Geisteskrankheit* – 2 le poumon: *die Lunge* – 3 la peau: *die Haut* – 4 le temps: *das Wetter* – 5 la pluie: *der Regen* – 6 l'espoir *m.*: *die Hoffnung* – 7 puissant/e: *mächtig* – 8 décider: *entscheiden*

La vie politique

SON ORGANISATION

En début d'année scolaire, vous avez participé à l'élection[1] des délégués de classe (voir « L'école », page 88). Cela veut dire que vous avez choisi des représentants[2].

C'est la même chose au niveau de l'organisation des institutions politiques de la France.

La vie politique
6 · p. 100
Au collège, vous élisez des représentants d'élèves.

↪ La Vᵉ République : quel régime[3] ?

En France, il y a deux élections au suffrage universel, c'est-à-dire une élection faite par tous les citoyens[4] de France : l'une pour élire le président de la République (élection présidentielle), l'autre pour élire les députés[5] à l'Assemblée nationale (élections législatives).

Institutions de la Vᵉ République

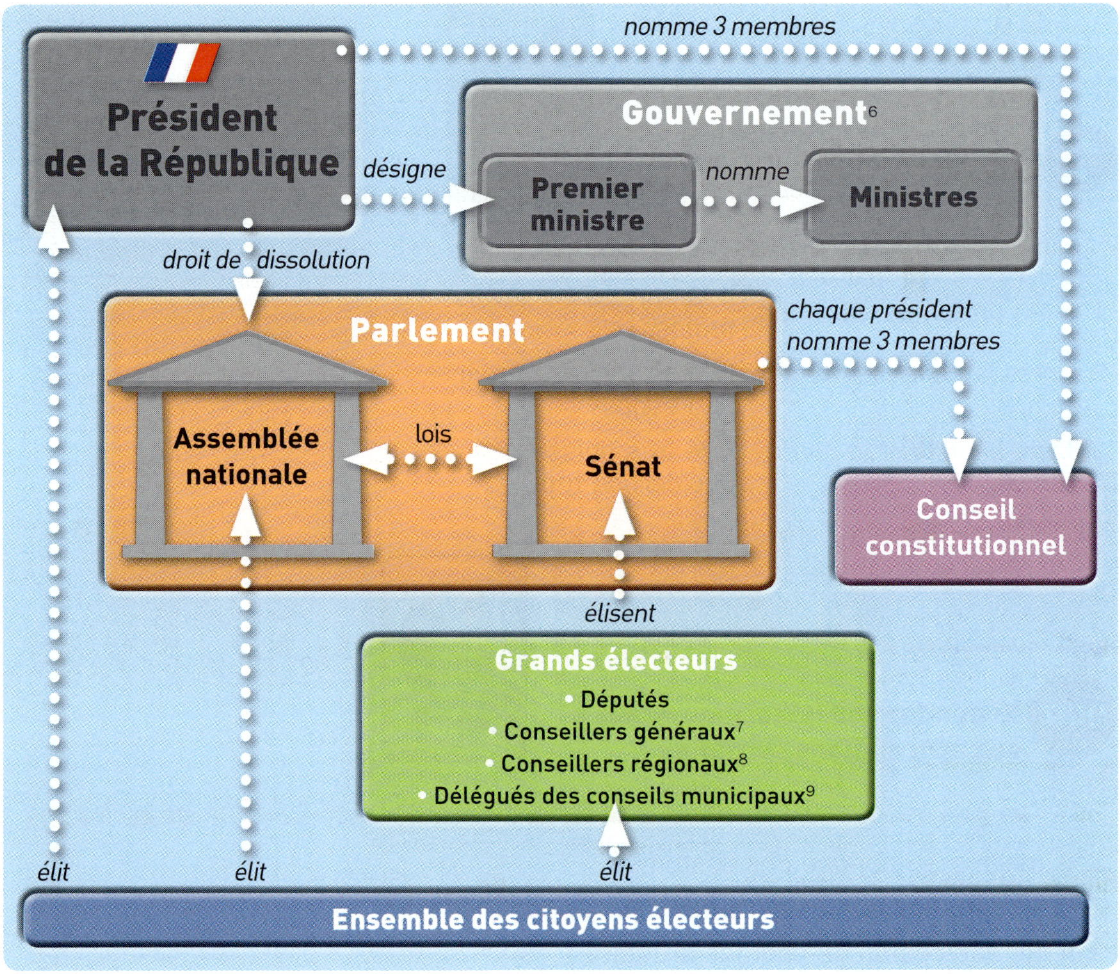

```
nomme 3 membres

Président                 Gouvernement[6]
de la République
              désigne    Premier      nomme    Ministres
                         ministre

droit de dissolution                       chaque président
                                           nomme 3 membres
        Parlement

  Assemblée      lois      Sénat              Conseil
  nationale                                   constitutionnel

                      élisent

              Grands électeurs
              • Députés
              • Conseillers généraux[7]
              • Conseillers régionaux[8]
              • Délégués des conseils municipaux[9]

  élit      élit              élit

        Ensemble des citoyens électeurs
```

Source : http://fr.wikipedia.org

1 l'élection *f.*: *die Wahl* – 2 le/la représentant/e: *der/die Vertreter/in* – 3 le régime: *die Staatsform* – 4 le/la citoyen/ne: *der/die Bürger/in* – 5 le/la député/e: *der/die Abgeordnete* – 6 le gouvernement: *die Regierung* – 7 le conseiller général: *der/die Abgeordnete für die departementale Verwaltung* – 8 le conseiller régional: *der/die Abgeordnete für die Regionalverwaltung* – 9 le conseil municipal: *die Stadtverwaltung*

➥ Observons « la maison France » ci-dessous.

Le président de la République

C'est le chef de l'État[1]. Il partage le pouvoir exécutif avec le Premier ministre et le gouvernement (ils font appliquer les lois[2]). Le président de la République habite et travaille à l'Élysée à Paris. Depuis 1962, il est élu au suffrage universel direct (tous les citoyens électeurs[3] votent[4]).
Depuis 2002, il est élu pour 5 ans, cela s'appelle le quinquennat. (le 16 mai 2007, Nicolas Sarkozy devient le 23e président de la République)

Le Premier ministre

C'est le chef du gouvernement. Il dirige l'action du gouvernement. Il est nommé par le président et il est presque toujours choisi parmi les représentants des groupes politiques.
Il représente le président de la République devant le Parlement français et devant l'opinion publique[5].
Il habite et travaille à l'hôtel Matignon, à Paris.

Le gouvernement

Tous les membres[6] du gouvernement sont nommés par le président de la République sur proposition du Premier ministre. Les membres du gouvernement sont placés[7] dans un ordre[8] précis :
Les ministres : ce sont les membres du gouvernement. Ils sont nommés par le président de la République. Ils dirigent les ministères (le ministère des Affaires étrangères, des Finances, de l'intérieur…).
Les ministres délégués[9] : placés sous l'autorité des ministres et, plus rarement, du Premier ministre, ils reçoivent délégation[10] de certaines compétences.
Les secrétaires d'État[11] : au dernier échelon[12] de la hiérarchie ministérielle, ils sont placés sous la protection d'un ministre ou parfois du Premier ministre.

Le Parlement

Il exerce une grande partie du pouvoir législatif et contrôle l'activité du gouvernement. Il est composé de deux chambres.

L'assemblée nationale

577 députés[13]
Lieu : le Palais-Bourbon.
Elle vote et propose des lois.

Le sénat

343 sénateurs
Lieu : le palais du Luxembourg.
Il vote le budget de l'État et les lois.

---

1 l'État *m.:* der Staat – 2 la loi: *das Gesetz* – 3 l'électeur/-trice: *der/die Wähler/in* – 4 voter: *wählen* – 5 l'opinion publique *f.:* die öffentliche Meinung – 6 le membre: *das Mitglied* – 7 placer: *setzen* – 8 l'odre *m.:* die Reihenfolge – 9 le ministre délégué: *der/die Delegierte* – 10 la délégation: *die Übertragung* – 11 le/la secrétaire d'État: *der/die Staatssekretär/in* – 12 l'échelon *m.:* die Stufe – 13 le/la député/e: *der/die Abgeordnete*

À VOUS DE JOUER !

 Qui est où ?

À l'aide des pages précédentes, associez[1] les représentants des institutions françaises au bâtiment[2] qui leur correspond.

1. Le palais du Luxembourg

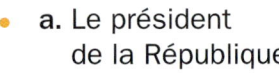

a. Le président de la République

2. L'hôtel Matignon

b. L'Assemblée nationale

c. Le Sénat

3. Le palais de l'Élysée

d. Le Premier ministre

4. Le Palais-Bourbon

1 associer: *verbinden* – 2 le bâtiment: *das Gebäude*

Les modes de déplacement[1]

Les modes de déplacement p.103

7

Vous apprenez à faire du roller pour vous déplacer en ville.

Pendant votre séjour[2] en France, vous avez l'occasion[3] d'utiliser plusieurs moyens de transport[4] : vous prenez le bus avec votre correspondant pour aller à l'école, vous faites du vélo le dimanche avec son père, et parfois son grand frère vous emmène en scooter[5]. Les jeunes bougent et choisissent les moyens de transport qui leur conviennent[6] le mieux.

La marche, la bicyclette, le cyclomoteur[7] (appelé aussi *mobylette*) sont de plus en plus pris en compte[8] dans une politique d'ensemble des déplacements. Les piétons[9] sont souvent des mineurs (les jeunes de moins de 18 ans) ou des seniors (les personnes âgées de plus de 60 ans) ; les cyclistes[10] et cyclomotoristes[11] sont des jeunes qui ne possèdent pas le permis de conduire[12].

CHEZ LES JEUNES

Pour présenter les différents modes de transport des jeunes, trois éléments sont à prendre en compte.

· L'âge

Les « 6–11 ans » dépendent souvent de leurs parents pour se déplacer et n'ont pas trop de liberté dans ce domaine[13]. Les « 11–15 ans » deviennent plus autonomes, c'est-à-dire qu'ils sont davantage libres d'aller où ils veulent par leurs propres moyens[14], sans attendre qu'un des parents les accompagne[15]. Les « 16–18 ans », eux, sont indépendants[16].

· Le lieu d'habitation

Les modes de transport ne sont pas tous les mêmes si on habite en ville (milieu urbain) ou si on habite à la campagne (milieu rural). Un jeune qui habite en ville peut avoir plusieurs moyens de transport, celui qui habite à la campagne a souvent moins de choix[17].

· Le type[18] de déplacement

Le déplacement « obligé[19] » pour aller à l'école et le déplacement « loisirs » pour voir ses amis, aller au cinéma, faire du sport, etc.

1 le mode de déplacement: *das Fortbewegungsmittel* – 2 le séjour: *der Aufenthalt* – 3 avoir l'occasion de faire qq ch: *die Gelegenheit haben etw. zu tun* – 4 le moyen de transport: *das Verkehrsmittel* – 5 le scooter: *der Motorroller* – 6 convenir: *passen* – 7 le cyclomoteur: *der Motorroller* – 8 prendre en compte: *in Betracht ziehen* – 9 le/la piéton/ne: *der/die Fußgänger/in* – 10 le/la cycliste: *der/die Fahrradfahrer/in* – 11 le/la cyclomotoriste: *der/die Motorrollerfahrer/in* – 12 le permis de conduire: *der Führerschein* – 13 le domaine: *der Bereich* – 14 le propre moyen: *die eigenen Mittel* – 15 accompagner: *begleiten* – 16 indépendant/e: *selbstständig* – 17 le choix: *die Auswahl* – 18 le type: *die Art* – 19 obligé/e: *verpflichtend*

➡ Quels sont les moyens de transports utilisés par les jeunes ?

La marche à pied

Dans les villes, c'est facile d'aller à pied chez un copain, au cinéma, dans un centre commercial et à l'école. Et pour les jeunes, c'est l'occasion[1] de se retrouver à plusieurs, de marcher en prenant son temps (flâner), de regarder les vitrines.
À la campagne, les distances sont plus grandes et on se déplace[2] donc moins à pied.

Les transports en commun

Avec l'autobus ou le métro **dans les grandes villes**, on va vite d'un point[3] à un autre. Et puis avec un seul ticket ou une carte, on peut faire le tour de la ville plusieurs fois si l'on veut. En Île-de-France, par exemple, la carte *imagine R* permet aux jeunes d'utiliser les transports en commun pour un petit prix.

Les autocars de ramassage scolaire[4] sont utiles **à la campagne**. Ils traversent les petits villages et emmènent les enfants au collège de la ville la plus proche.

La bicyclette

Il faut faire très attention quand on roule à bicyclette **en ville et à la campagne**, à cause de la circulation[5].
On doit se protéger : mettre un casque, avoir un gilet fluorescent[6] (lumineux) et rouler sur les pistes cyclables[7] quand il y en a.

Le scooter

Il est destiné aux grands adolescents. En français, le mot *scooter* désigne un véhicule à deux roues avec un moteur. Les adolescents aiment beaucoup se déplacer en scooter, signe de liberté et d'autonomie, mais les parents ont peur des accidents de la route.

Les rollers	Le skate	La trottinette

• Utilisés pour le jeu et le loisir, ils deviennent de véritables moyens de se déplacer, par exemple, dans les grandes villes.
• Les rollers sont des chaussures fixées sur des petites roues et le skate est une planche avec des roulettes. Ces deux mots sont d'origine anglaise.
• Au départ, la trottinette est un jouet, composé d'une planche avec deux roues et un guidon[8] pour la diriger. Maintenant, les adultes l'utilisent aussi pour se déplacer dans les grandes villes.

---

1 l'occasion *f.*: *die Gelegenheit* – 2 se déplacer: *sich fortbewegen* – 3 le point: *der Ort* – 4 le ramassage scolaire: *der Schulbus* – 5 la circulation: *der Straßenverkehr* – 6 le gilet fluorescent: *die Warnweste* – 7 la piste cyclable: *der Fahrradweg* – 8 le guidon: *der Lenker*

À VOUS DE JOUER !

? **Ils y vont comment ?**

Voici la description d'un groupe d'amis. Trouvez quel moyen de transport chacun utilise.

un bus

un skate

à pied

un scooter

une bicyclette

des rollers

1. Après l'école, Téo prend son .... pour aller s'entraîner[1] avec ses copains à sauter[2] plusieurs marches[3] sans perdre l'équilibre.

2. Guillaume met ses .... pour retrouver ses amis et glisser[4] entre les piétons sur les trottoirs.

3. Anita regarde son grand frère mettre son casque et partir sur son .... Il fait beaucoup de bruit[5] et va très vite. Même si elle pédale[6] très vite, Anita, à ...., ne peut pas le rattraper[7].

4. À 7 heures 30, tous les matins, Charlotte et Louis attendent sagement le .... devant l'arrêt pour aller à l'école. Barbara, elle, a de la chance, elle va .... au collège, elle habite tout à côté.

QUIZ **Répondez par « vrai » ou « faux » aux affirmations suivantes.**

	VRAI	FAUX
1. Les jeunes se déplacent beaucoup à pied dans les villes.		
2. Le moyen de transport le plus utilisé pour aller à l'école est la trottinette.		
3. Il faut faire très attention quand on roule à bicyclette en ville.		
4. Les parents sont inquiets quand leurs enfants se déplacent en scooter.		
5. Les autocars et autobus ne sont pas utilisés à la campagne.		

1 s'entraîner: *trainieren* – 2 sauter: *springen* – 3 la marche: *die Stufe* – 4 glisser: *rutschen* – 5 le bruit: *der Lärm* – 6 pédaler: *in die Pedale treten* – 7 rattraper: *einholen*

Les loisirs

Les loisirs
8
p.106

Vous passez une journée dans un parc d'attractions.

Votre famille d'accueil souhaite vous emmener pour un jour ou deux dans un parc de loisirs français. Vous feuilletez avec eux des catalogues spécialisés pour faire votre choix parmi différents parcs thématiques.

Les Francais aiment visiter les parcs de loisirs pendant leurs vacances dans une région, ou pendant un week-end prolongé, par exemple quand il y a un jour férié juste avant le samedi ou juste après le dimanche (voir dossier « Les fêtes », page 109). Les séjours courts sont aussi possibles aujourd'hui grâce à la *réduction du temps de travail* ou *RTT* (loi sur les 35 heures de travail par semaine), qui permet de prendre des journées libres en plus des vacances.

Il y a en France environ 280 parcs de loisirs, pour plus ou moins 70 millions de visiteurs par an, français et étrangers. En 2008, il y a eu, dans les parcs de loisirs français, 8 % de visiteurs de plus que l'année précédente[1]. Pour continuer à attirer[2] toujours plus de visiteurs, ces parcs ouvrent chaque année de nouvelles attractions pour renouveler[3] leur offre[4] (spectacles, manèges…).

On peut regrouper les parcs en différentes catégories :

↳ Les parcs d'attractions

Ce sont des parcs très grands avec des manèges traditionnels et des attractions qui donnent des sensations[5] fortes (grand huit, montagnes russes, etc.).

Ces parcs sont souvent organisés autour d'un thème, par exemple :
- l'histoire de la Normandie à *Festyland* (dans le Calvados),
- le Grand Ouest américain à la *Mer de Sable* à Ermenonville.

Les parcs d'attractions les plus célèbres (tous deux en région parisienne) ont été créés autour de personnages de bande dessinée connus et aimés des petits et des grands :
- le monde de Walt Disney à *Eurodisney*,
- le village d'Astérix le Gaulois au *Parc Astérix*.

Des montagnes russes

Un manège

---

1 l'année précédente f.: *das Vorjahr* – 2 attirer: *anziehen* – 3 renouveler qc: *etw. erneuern* – 4 l'offre f.: *das Angebot* – 5 la sensation forte: *der Nervenkitzel*

➥ Les parcs scientifiques

Ils sont construits autour des inventions, de la modernité et de la technologie (les robots, le futur…). Entre jeux et attractions, on peut y faire des expériences et découvrir comment la science change notre quotidien (le *Futuroscope* de Poitiers), ou comprendre le fonctionnement de la nature (les volcans au parc *Vulcania*, en Auvergne).

Le Futuroscope

➥ Les parcs culturels

Pour apprendre en s'amusant. Les parcs culturels proposent des jeux, des manèges, des espaces de détente et des attractions pour faire connaître l'histoire de la France ou d'une région, par exemple :

- les plus beaux monuments de France sont réunis à *France miniature*, située en région parisienne (une carte de France est reproduite[1] sur une surface de 5 hectares, avec les 116 plus beaux paysages[2] et monuments du pays représentés en miniatures, c'est-à-dire en réduction) ;
- le *Puy du Fou* raconte l'histoire de la Vendée (de l'Antiquité jusqu'au XIXe siècle).

Vulcania

➥ Les parcs aquatiques

Comme leur nom l'indique, l'eau est leur élément principal. On y va l'été pour profiter[3] de grandes piscines spéciales (avec des vagues[4], de l'eau salée, etc.) et de leurs toboggans. Il y a plusieurs parcs *Aqualand* en France et les deux parcs *Walibi* de France proposent des manèges sensationnels en plus des attractions aquatiques.

Le Puy du Fou

➥ Les parcs animaliers

Pour ceux qui aiment les animaux !
Ce sont parfois des zoos géants : les animaux sont en liberté et on visite le parc en voiture, comme dans un safari (*parc de Thoiry*).
On trouve des parcs consacrés à un type particulier d'animaux (*Montagne des singes, Ferme aux crocodiles*).
Il y a aussi des parcs avec des aquariums et des spectacles de dauphins ou de phoques (*Marineland d'Antibes*).

Le parc Walibi

Le parc de Thoiry

---

1 reproduire: *nachbilden* – 2 le paysage: *die Landschaft* – 3 profiter de qc: *etw. ausnutzen* – 4 la vague: *die Welle*

➥ Les parcs sportifs

Ce sont les parcs d'attractions les plus récents. Contrairement aux autres parcs, le visiteur n'est pas spectateur, mais acteur parce qu'il doit faire du sport pour participer aux activités : escalade, parcours acrobatique dans les arbres, descente d'un arbre ou d'une colline sur une corde, etc. Vous devenez quelques instants un véritable aventurier, mais en toute sécurité grâce aux spécialistes qui encadrent les activités ! Ces parcours d'aventures en forêt sont très nombreux en France.

L'accrobranche

➥ Les labyrinthes végétaux

Dans des champs de maïs ou sur de grands terrains avec des milliers d'arbustes, on dessine un labyrinthe géant ; pour sortir, il faut résoudre des énigmes, faire des jeux, trouver un trésor ! Des personnages apparaissent sur le parcours, pour vous aider… ou vous désorienter ! Allez-vous trouver le chemin jusqu'à la sortie ?

Un labyrinthe végétal

Tous ces parcs ont du succès parce qu'ils font rêver grands et petits et leur permettent de s'amuser ensemble !

À VOUS DE JOUER !

QUIZ **Répondez par « vrai » ou « faux » aux affirmations suivantes.**

	VRAI	FAUX
1. Il y a 70 parcs de loisirs en France.		
2. Tous les parcs de loisirs français sont en région parisienne.		
3. Les attractions à sensations fortes sont des manèges lents.		
4. À *Vulcania*, vous pouvez apprendre comment les volcans fonctionnent.		
5. Il y a des parcs de loisirs consacrés à l'histoire.		
6. À *France miniature*, vous pouvez voir la tour Eiffel et le Mont-Saint-Michel.		
7. Dans les parcs aquatiques, vous pouvez nager avec les dauphins.		
8. Il existe des zoos qui se visitent seulement en voiture.		
9. Dans les parcours en forêt, personne n'aide les visiteurs à faire les activités.		
10. Certains parcs de loisirs sont en forme de labyrinthe.		

Les fêtes et traditions

Les fêtes et traditions
9
p.109
Vous participez à la Fête de la Musique à Paris.

Vous avez découvert l'organisation de la vie citoyenne en France dans le dossier sur la vie politique (page 100). La **fête nationale**[1] **française** a lieu chaque 14 juillet depuis 1880. C'est un jour férié[2], chomé, c'est-à-dire qu'on ne travaille pas mais ce jour est payé.

LE 14 JUILLET

En 1880, la République française choisit le 14 juillet comme jour de fête nationale annuelle. Cette fête rappelle[3] le jour où le peuple[4] de Paris a pris les armes et s'est emparé[5] de la Bastille, vieille forteresse royale[6], pendant la Révolution en 1789.

Aujourd'hui, le 14 juillet est à la fois[7] officiel avec, par exemple, le défilé militaire[8] sur les Champs-Élysées à Paris et populaire, avec les bals et les feux d'artifice[9] dans la plupart des communes[10].

Une réception a lieu dans les jardins du palais de l'Élysée. Les membres du gouvernement et des personnalités de tous ordres, invités par la présidence, participent à la réception.

Dans chaque ville, village et quartier, des bals sont organisés et des feux d'artifice sont tirés.

Voilà une occasion de connaître les traditions de votre pays d'accueil.

QUELLES FÊTES ? QUELLES TRADITIONS ?

Elles ont différentes origines, religieuse, civile et régionale, et correspondent à des jours fériés ou à des jours non fériés.

– *Religieuse :* cela veut dire que la fête est liée à une cérémonie en rapport avec une religion ; en France, c'est la religion catholique.

– *Civile :* c'est-à-dire une fête qui a un rapport avec un événement de la vie sociale de la France et de ses citoyens.

– *Régionale :* la fête correspond à une spécialité d'une région de France.

---

1 la fête nationale: *der Nationalfeiertag* – 2 férié/e: *Feier-* – 3 rappeller: *erinnern* – 4 le peuple: *das Volk* – 5 s'emparer de qc: *Besitz ergreifen von etw.* – 6 la forteresse royale: *die königliche Festung* – 7 à la fois … et: *gleichzeitig* – 8 le défilé militaire: *die Militärparade* – 9 le feu d'artifice: *das Feuerwerk* – 10 la commune: *die Gemeinde*

→ Quelques exemples

	JOURS FÉRIÉS	JOURS NON FÉRIÉS
Les fêtes civiles	• 1er janvier : *Jour de l'an*, nommé également *Nouvel An*. • 1er mai : la fête du Travail. • 8 mai : victoire des Alliés sur l'Allemagne nazie (8 mai 1945). • Dernier dimanche de mai : la fête des Mères. • **14 juillet : fête nationale française.** • Premier dimanche d'octobre: la fête des Familles et la fête des Grands-pères. • 11 novembre : Armistice de la Première Guerre mondiale (11 novembre 1918).	• 14 février : la fête des amoureux, le jour de la Saint-Valentin. • 1er avril : tradition du *poisson d'avril*. C'est un jour où l'on fait des plaisanteries ou des farces. • 9 mai : journée de l'Europe. • **21 juin : la Fête de la Musique.** • 24 juin : la fête de la Saint-Jean.
Les fêtes religieuses	• 25 décembre : Noël. • Date variable : le dimanche et le lundi de Pâques. • 49 jours après Pâques : le dimanche de Pentecôte. • 1er novembre : la Toussaint.	6 janvier : l'Épiphanie.
Les fêtes régionales	• Jour de l'abolition de l'esclavage par le décret du 27 avril 1848. Il est férié : – le 27 avril à Mayotte, – le 22 mai à la Martinique, – le 27 mai à la Guadeloupe, – le 10 juin en Guyane, – le 20 décembre à la Réunion. À Lille, le dimanche et le lundi de braderie sont traditionnellement fériés, le premier week-end de septembre.	6 décembre : fête de Saint-Nicolas (Lorraine, Alsace, nord de la France).

LA FÊTE DE LA MUSIQUE

Vous allez participer à la Fête de la Musique avec votre correspondant et vos camarades de classe.

→ Qu'est-ce que cela veut dire ? Où et comment se déroule-t-elle ? Quand ?

Ce jour-là, tout le monde peut faire de la musique, jouer d'un instrument, chanter dans la rue, dans des salles de spectacles.

La **Fête de la Musique** a lieu à travers le monde le 21 juin (date qui coïncide le plus souvent avec le premier jour de l'été dans l'hémisphère Nord).

Sa première édition a lieu le 21 juin 1982, mais elle est officiellement déclaré le 21 juin 1983. La manifestation connaît un succès croissant au cours des décennies suivantes.

Cette fête s'est aujourd'hui complètement internationalisée : en moins de quinze ans, elle est reprise dans **110 pays** sur les cinq continents et les deux hémisphères, avec plus de **340 villes** participantes dans le monde.

À VOUS DE JOUER !

 **Et dans votre pays ? Que fête-t-on ? Quand ?**

 **Quelle est la fête nationale de chacun des 7 pays cités ci-dessous ?**
Reliez[1] **le drapeau**[2] **de chaque pays à sa fête nationale.**

1. Allemagne

a. Le 1er octobre
Proclamation de la République populaire
communiste, par Mao Zedong en 1949.

2. Canada

b. Le 4 juillet
Déclaration d'indépendance[3] de 1776.
Célébré sous le nom d'*Independance Day*
(jour de l'Indépendance).

3. République populaire de Chine

c. Le 3 mai et le 11 novembre
Proclamation de la Constitution polonaise du
3 mai 1791 et anniversaire de l'Indépendance.

4. Espagne

d. Le 21 avril
Anniversaire de la reine[4].

5. États-Unis

e. Le 3 octobre
Jour de l'Unité allemande.
Anniversaire de la réunification
(*Wiedervereinigung*) de l'Allemagne en 1990.

6. Pologne

f. Le 1er juillet
Création de la Confédération du Canada
en 1867.

7. Royaume-Uni

g. Le 12 octobre
Jour de l'Hispanité. Découverte de l'Amérique
en 1492 par les Espagnols.

1 relier: *verbinden* – 2 le drapeau: *die Flagge* – 3 l'indépendance f.: *die Unabhängigkeit* – 4 la reine: *die Königin*

Les vacances

C'est déjà la fin de votre séjour[1] en France. Vous allez repartir dans votre pays. En France, c'est le début des *grandes vacances*. Beaucoup de Français prennent leurs vacances pendant les mois de juillet ou d'août.
La famille de votre correspondant prépare son départ. Cette année, toute la famille part à la montagne.

➥ Les *grandes vacances* : qu'est-ce que c'est ?

En Europe, les *grandes vacances* désignent, depuis le XIXe siècle, la plus longue période de vacances scolaires et, plus généralement aujourd'hui, les mois de juillet et d'août.

En France, elles débutent souvent après les examens tels que le brevet des collèges ou le baccalauréat, à la fin du mois de juin, et se terminent[2] au début du mois de septembre (voir « L'école », page 91).

Jusqu'à présent, 65 % des Français partaient en vacances pour une durée[3] plus ou moins longue et une destination[4] plus ou moins lointaine[5]. Avec les problèmes économiques, les déplacements pour les vacances changent et chacun essaie de s'adapter à la situation selon ses moyens financiers[6].

21 millions de personnes ne partent pas en vacances, dont 8 millions pour des raisons financières.

Pendant les vacances, on arrête son activité habituelle, par exemple, le travail pour les parents, l'école pour les enfants, et on change de rythme de vie[7], on pratique des activités qu'on n'a pas le temps de faire pendant le reste de l'année et, surtout, on se repose[8]. C'est souvent une occasion de voyager et d'aller visiter d'autres régions ou d'autres pays.

1 le séjour: *der Aufenthalt* – 2 se terminer: *zu Ende gehen* – 3 la durée: *der Zeitraum* – 4 la destination: *das Reiseziel* – 5 lointain/e: *weit entfernt* – 6 financier/-ière: *finanziell* – 7 le rythme de vie: *der Lebensrhythmus* – 8 se reposer: *sich entspannen*

OÙ VONT LES FRANÇAIS ?

➥ En France

89,2 % des séjours restent en France métropolitaine[1]. Pour la majorité[2] des Français, la mer reste l'endroit[3] préféré pour passer leurs vacances d'été, suivie de la campagne, des grandes villes et de la montagne.

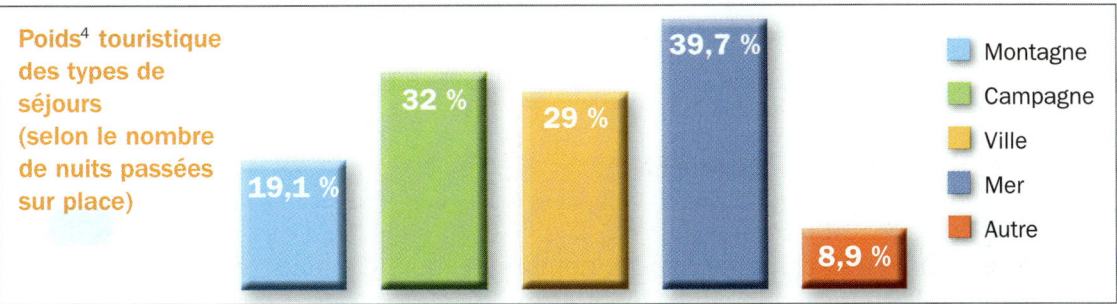

Poids[4] touristique des types de séjours (selon le nombre de nuits passées sur place)

- Montagne : 19,1 %
- Campagne : 32 %
- Ville : 29 %
- Mer : 39,7 %
- Autre : 8,9 %

Source : SDT (direction du Tourisme, TNS Sofres), 2005.

➥ À l'étranger

Les Français partent encore peu à l'étranger et l'Europe est la destination préférée.

Destination	Part des séjours des Français à l'étranger
Europe	**66,3 %**
dont Espagne	14,9 %
Italie	10,3 %
Grande-Bretagne	5,9 %
Belgique, Luxembourg	5,6 %
Allemagne	4,9 %
Portugal	2,6 %
Grèce	1,6 %
Amériques	**8,1 %**
dont États-Unis	2,4 %
Afrique	**16,2 %**
dont Maroc	4,9 %
Tunisie	4,6 %
Égypte	2,9 %
Asie et Océanie	**4,1 %**
Outre-mer	**4,5 %**

Source : TNS-SOFRES, 2005.

1 la France métropolitaine: *Frankreich (ohne überseeische Regionen)* – 2 la majorité: *die Mehrheit* – 3 l'endroit *m.: der Ort* – 4 le poids: *das Gewicht*

QUI PART EN VACANCES ?

En France, il y a une augmentation[1] du nombre de personnes qui partent en vacances (environ 65 % en 50 ans). Au-delà de cette évolution historique, les pratiques de vacances sont aujourd'hui plus liées à l'âge des vacanciers qu'à leur génération.

Les plus mobiles sont les jeunes (plus des deux tiers d'entre eux voyageront cet été) et les retraités[2] (73 % des personnes qui ont plus de 50 ans et qui ne travaillent plus).

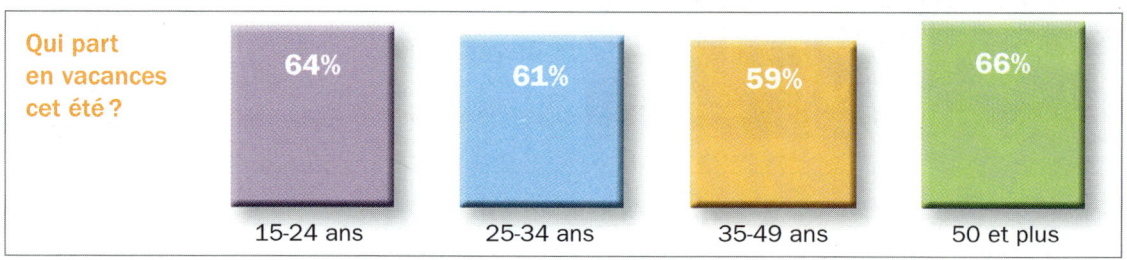

Qui part en vacances cet été ?

64%	61%	59%	66%
15-24 ans	25-34 ans	35-49 ans	50 et plus

Source : http://extras.finances.fr

COMBIEN DE TEMPS ET COMMENT ?

⤷ La durée

Le nombre de séjours augmente mais le nombre de jours diminue[3] (vers 1965, la durée d'un séjour était en moyenne de 19 jours et en 2004, il est de 11 jours).

Aujourd'hui, la durée moyenne des déplacements des Français pendant leurs vacances semble être de 12 jours.

⤷ Les moyens de transport[4]

La voiture

75 % des Français utilisent leur voiture quand ils partent en vacances.

Le train

Les voyages en train représentent 13 % des déplacements touristiques sur le territoire national.

L'avion

Il est utilisé pour le départ vers les pays étrangers (53 % des départs vers l'étranger).

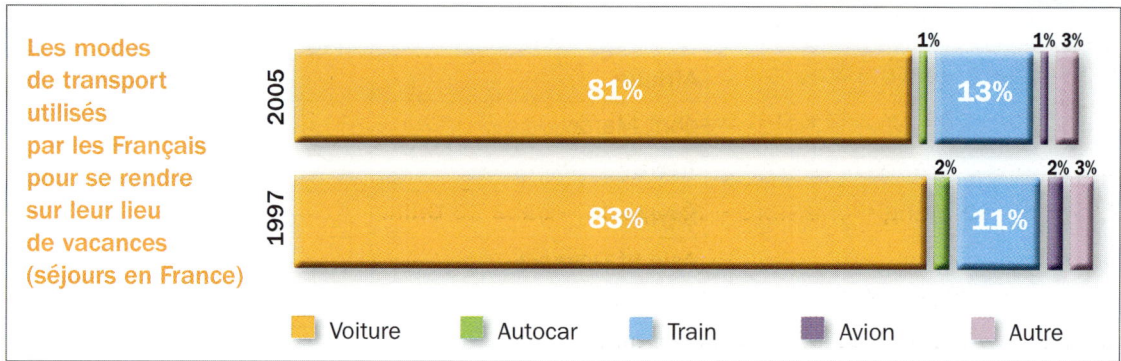

Les modes de transport utilisés par les Français pour se rendre sur leur lieu de vacances (séjours en France)

	Voiture	Autocar	Train	Avion	Autre
2005	81%	1%	13%	1%	3%
1997	83%	2%	11%	2%	3%

Source : ministère chargé du Tourisme – Sofres, Enquête « Suivi des déplacements touristiques des Français », 2005.

1 l'augmentation *f.*: *die Erhöhung* – 2 le/la retraité/e: *der/die Rentner/in* – 3 diminuer: *abnehmen* – 4 le moyen de transport: *das Verkehrsmittel*

➥ Le lieu d'habitation[1]

Le camping

C'est le moyen le plus économique et préféré des plus jeunes.

La location[2]

Les chambres d'hôtes[3] ou les gîtes (logement chez l'habitant[4]) se développent[5] de plus en plus.

L'hôtel

Il reste le moyen[6] le plus cher.

Autres lieux

56,9 % sont hébergés (habitent) gratuitement[7] chez la famille ou vont dans leur résidence secondaire[8].

À VOUS DE JOUER !

? **Et vous ? Que faites-vous pendant les vacances ? Où allez-vous ?**

QUIZ **Répondez par « vrai » ou « faux » aux affirmations suivantes.**

	VRAI	FAUX
1. La majorité des Français part en vacances à l'étranger.		
2. La montagne est la destination préférée des Français.		
3. Les jeunes voyagent beaucoup pendant l'été.		
4. La voiture est le moyen de transport le plus utilisé pendant les vacances.		
5. Le camping est un moyen d'hébergement gratuit.		

? **Cherchez l'erreur.**

Dans chaque série, trouvez le mot qui ne fait pas partie de la série.

1. Vacances – repos – voyages – travail – tourisme.

2. Hôtel – camping – chambre – réception – salle de bain.

3. Retraité – grand-père – senior – aîné – junior.

4. Mer – altitude – sable – vagues – parasol.

5. Avion – voiture – lecture – vélo – train.

1 l'habitation *f.*: *die Unterkunft* – 2 la location: *die Vermietung* – 3 la chambre d'hôte: *das Gästezimmer* – 4 l'habitant/e: *der/die Einwohner/in* – 5 se développer: *sich entwickeln* – 6 le moyen: *hier: der Weg* – 7 gratuitement: *umsonst* – 8 la résidence secondaire: *das Ferienhaus*

Tipps für den Prüfling

Jetzt ist es soweit: bald ist die DELF A1-Prüfung!
Wie geht das wirklich vor sich?

➥ Die Anmeldung

• Wenn ihr die DELF-Junior-Prüfung machen wollt, müsst ihr euch vor der Prüfung persönlich anmelden: überprüft also genau die Termine (sie werden lange im Voraus festgesetzt und veröffentlicht). Geht vor dem Anmeldeschluss zu der Stelle, die die Prüfung durchführt. Nach diesem Datum werdet ihr nicht mehr zur Prüfung zugelassen!

• Wenn ihr die DELF-Prüfung für Schüler/in machen wollt, kümmert sich die Schule um die Anmeldung und gibt euch die notwendigen Informationen zu den Prüfungsterminen.

➥ Vor der Prüfung

• Geht noch einmal das Vokabular der häufigsten Themen beim DELF *Scolaire et Junior* A1 für die Prüfung durch: Familie, Freizeit, Schule, Angaben zur Person, Beschreibung, Einladung usw.

• Überprüft regelmäßig den Teil der französischen Grammatik, die ihr beim A1 kennen müsst: die Konjugation der Verben auf *-er*, männlich und weiblich, Einzahl und Mehrzahl, bestimmter und unbestimmter Artikel, Possessivbegleiter und Demonstrativbegleiter usw.

➥ Am Tag vor der Prüfung

• Legt euren Zulassungsbescheid und/oder euer Anmeldeformular und vor allem euren Personalausweis bereit, denn nur mit den Formularen werdet ihr geprüft.

• Lest noch einmal eure Notizen, um euer Selbstvertrauen zu stärken.

• Geht früh ins Bett, damit ihr beim Aufwachen voll in Form seid!

➥ Am Tag der Prüfung

• **Pünktlichkeit bei der Prüfung:** geht früh genug los, damit ihr sicher seid, vor dem Beginn der Prüfung da zu sein. Achtung! Wenn ihr zu spät kommt, werdet ihr nicht mehr geprüft und eure Anmeldung ist verfallen.

In der Schule, in der die Prüfung stattfindet, hängt eine Liste der Prüflinge aus. Sucht darin euren Namen oder eure Prüfungsnummer, stellt fest, in welchem Raum eure Prüfung stattfindet, und begebt euch dort hin.

• **Im Prüfungsraum:** Die Aufsicht kontrolliert eure Identität und eure Anmeldung und ihr müsst in der Anwesenheitsliste unterschreiben. Während der Prüfung dürft ihr weder eure Bücher noch eure Hefte und auch kein Wörterbuch benutzen. Ihr dürft nicht mit den anderen Prüflingen sprechen und euer Handy muss ausgeschaltet sein. Achtung! Wenn ihr diese Regeln nicht beachtet, werdet ihr von der Prüfung ausgeschlossen.

• **Während der Prüfung:** beantwortet die Fragen mit einem Kugelschreiber und verwendet das mit dem Aufgabenblatt bereitgestellte Konzeptpapier.

Lest die Arbeitsanweisungen genau durch, sie enthalten genaue Hinweise d a r a u f , was ihr bei jeder Übung machen müsst. Wenn ihr beim schriftlichen Ausdruck euren Text zunächst auf Konzeptpapier schreibt, achtet darauf, dass euch genug Zeit bleibt, um ihn auf dem Prüfungsbogen abzuschreiben, denn man akzeptiert eure Konzeptblätter nicht. Lest euren Text noch einmal, bevor ihr ihn abgebt, so könnt ihr noch einige Fehler korrigieren. Am Ende der Prüfung müsst ihr alles abgeben (sowohl den Prüfungsbogen als auch die Konzeptblätter).

Während der Prüfung dürft ihr den Raum nicht verlassen. Wenn ihr vor der Zeit fertig seid, müsst ihr sitzen bleiben, bis man euch gehen lässt.

• **Die mündliche Einzelprüfung:** Sie kann am selben Tag wie die Gruppenprüfungen oder an einem anderen Tag stattfinden. Vergesst auf keinen Fall euren Zulassungsbescheid und/oder eure Anmeldung sowie euren Personalausweis, denn sie werden erneut von euch verlangt. Wie bei der schriftlichen Prüfung müsst ihr in der Anwesenheitsliste unterschreiben.

Der/Die Prüfer/in erklärt euch den Ablauf der Prüfung und ihr zieht ein Los mit den Themen. Anschließend habt ihr zehn Minuten Vorbereitungszeit, in der ihr euch Notizen auf dem Konzeptpapier machen könnt. Am Ende der mündlichen Prüfung nimmt der/die Prüfer/in die von euch benutzten Papiere (Aufgabenblatt und Konzept) wieder in Empfang.

➥ Nach der Prüfung

• Ihr müsst mehrere Tage – manchmal einige Wochen – warten, bevor ihr die Ergebnisse erfahrt. Die Ergebnisse werden immer auf Listen in der Schule veröffentlicht, wo ihr die DELF A1-Prüfung abgelegt habt. Manchmal werden sie auch im Internet veröffentlicht oder dem Prüfling direkt mitgeteilt.

• Wenn ihr die DELF-Prüfung besteht, gibt euch das Prüfungsamt eine Bescheinigung, dass ihr bestanden habt, zusammen mit euren Noten. Hebt sie gut auf, denn es ist ein offizielles Dokument, das das Bestehen dieser Prüfung bis zum Erhalt eures DELF-Diploms bescheinigt. Manchmal dauert es lange, bis das Diplom kommt, fragt deshalb regelmäßig bei eurem Prüfungsamt nach.

⚠️ Euer Diplom ist einmalig und gilt euer ganzes Leben lang, es kann nicht ein zweites Mal ausgestellt werden, hebt es deshalb gut auf!

DIPLÔME D'ÉTUDES EN LANGUE FRANÇAISE

DELF A1 • Version scolaire et junior

Niveau A1 du Cadre européen commun de référence pour les langues

NATURE DES ÉPREUVES	DURÉE	NOTE SUR
❶ Compréhension de l'oral Réponse à des questionnaires de compréhension portant sur trois ou quatre très courts documents enregistrés ayant trait à des situations de la vie quotidienne. (2 écoutes) *Durée maximale des documents : 3 minutes*	**20 minutes environ**	**/25**
❷ Compréhension des écrits Réponse à des questionnaires de compréhension portant sur quatre ou cinq documents écrits ayant trait à des situations de la vie quotidienne.	**30 minutes**	**/25**
❸ Production écrite **Épreuve en deux parties :** • compléter une fiche, un formulaire • rédiger des phrases simples (cartes postales, messages, légendes, etc.) sur des sujets de la vie quotidienne	**30 minutes**	**/25**
❹ Production orale **Épreuve en trois parties :** • entretien dirigé • échanges d'informations • dialogue simulé	**5 à 7 minutes** *Préparation : 10 minutes*	**/25**

Seuil de réussite pour obtenir le diplôme : 50/100
Note minimale requise par épreuve :   5/25   **NOTE TOTALE :**
Durée totale des épreuves collectives :   1 heure 20 minutes

/100

CODE CANDIDAT : ☐☐☐☐☐☐ – ☐☐☐☐☐☐

↻ **Volet à rabattre pour préserver l'anonymat du candidat**

Nom : ....   **Prénom :** ....

118

 # Compréhension de l'oral

25 points

Répondez aux questions en cochant (☒) la bonne réponse, ou en écrivant l'information demandée.

EXERCICE 1

4 points

Vous allez entendre 2 fois un document. Vous aurez 30 secondes de pause entre les 2 écoutes puis 30 secondes pour vérifier vos réponses. Lisez les questions.

Vous écoutez les informations à la radio. Répondez aux questions.

❶ Complétez la phrase suivante :

2 points

55 % des jeunes de 15 à 17 ans regardent la télévision après l'école.

❷ Les 10-12 ans :

2 points

- ☒ écoutent de la musique.
- ❑ font leurs devoirs.
- ❑ jouent à l'ordinateur.

EXERCICE 2

5 points

Vous allez entendre 2 fois un document. Vous aurez 30 secondes de pause entre les 2 écoutes puis 30 secondes pour vérifier vos réponses. Lisez les questions.

Vous écoutez ce message sur votre répondeur. Répondez aux questions.

❶ Bastien vous attend :

2 points

- ❑ au 3 de la rue des Moulins.
- ❑ au ciné « Les trois Moulins ».
- ☒ au café des Trois Moulins.

❷ Il attend jusqu'à :

1 point

- ❑ 1 heure.
- ☒ 2 heures.
- ❑ 3 heures.

❸ Complétez son numéro de téléphone : 06 79 42 23 04

2 points

EXERCICE 3

6 points

Vous allez entendre 2 fois un document. Vous aurez 30 secondes de pause entre les 2 écoutes puis 30 secondes pour vérifier vos réponses. Lisez les questions.

À la sortie de l'école, vous entendez cette conversation. Répondez aux questions.

❶ Abdel va chercher :

2 points

 ☒    ☐    ☐

❷ À quelle heure ferme le magasin ?

2 points

☐ 17 h 30.   ☒ 18 h 30.   ☐ 19 h 30.

❸ Abdel et son ami vont au magasin comment ?

2 points

 ☐    ☐    ☒

EXERCICE 4

10 points

Vous allez entendre plusieurs petits dialogues correspondant à des situations différentes. Vous aurez 15 secondes de pause après chaque dialogue. Puis vous entendrez à nouveau les dialogues et pourrez compléter vos réponses. Lisez d'abord les questions.
(Cochez (☒) une bonne réponse.)

2 points par situation

Situation n° 1	**Que doit faire Nathalie ?**	
	Appeler un autre numéro.	
	Attendre quelques minutes.	
	Répéter sa question.	
	Rappeler plus tard.	✗

Situation n° 2	**Ça se passe où ?**	
	Au cinéma.	
	Dans une bibliothèque.	
	Dans une discothèque.	
	Dans une librairie.	✗

Situation n° 3	**Qu'est-ce qu'on demande ?**	
	Le chemin.	✗
	L'heure.	
	Le nom.	
	Le prix.	

Situation n° 4	**On parle de quoi ?**	
	D'un bouquet de fleurs.	
	D'un plat.	
	D'un parfum.	✗
	D'un fruit.	

Situation n° 5	**Ça se passe où ?**	
	Au théâtre.	
	À la vidéothèque.	
	Au cinéma.	✗
	Au stade.	

 **Compréhension des écrits**

25 points

EXERCICE 1

6 points

Vous recevez ce message. Répondez aux questions.

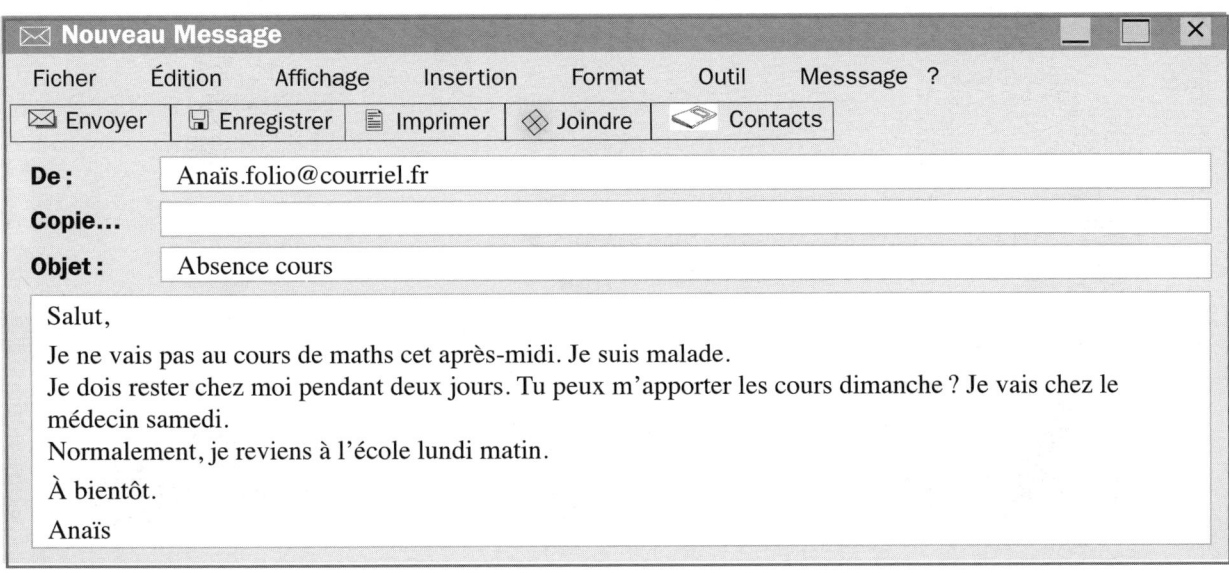

✉ **Nouveau Message** ▢ ▢ ✕

Ficher   Édition   Affichage   Insertion   Format   Outil   Messsage ?

✉ Envoyer   🖫 Enregistrer   🗎 Imprimer   ◈ Joindre   ✎ Contacts

De :   Anaïs.folio@courriel.fr

Copie...

Objet :   Absence cours

Salut,

Je ne vais pas au cours de maths cet après-midi. Je suis malade.

Je dois rester chez moi pendant deux jours. Tu peux m'apporter les cours dimanche ? Je vais chez le médecin samedi.

Normalement, je reviens à l'école lundi matin.

À bientôt.

Anaïs

❶ Pourquoi Anaïs est absente cet après-midi ?   *2 points*

❑ Elle part en vacances.

❑ Elle a un rendez-vous.

❑ Elle est malade.

❷ Vous devez apporter à Anaïs :   *2 points*

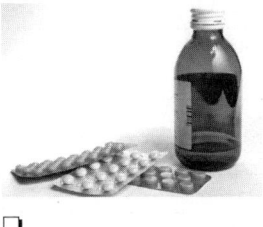   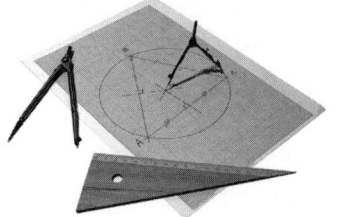   

❑   ❑   ❑

❸ Quel jour vous allez chez Anaïs ?   *2 points*

....

EXERCICE 2 ⬤ 6 points

Vous lisez ce document. Répondez aux questions.

Crêpes

**Ingrédients
pour 4 personnes :**

– 150 g de farine
– 2 œufs
– 2 verres de lait
– 40 g de beurre
– 1 cuillère à café de sel
– sucre, confiture
  ou chocolat

1. Mélanger la farine et le sel.
2. Casser les œufs et mélanger.
3. Mettre le lait froid.
4. Faire chauffer le beurre.
5. Ajouter le beurre fondu.
6. Bien mixer la pâte.
7. Attendre une heure.
8. Faire chauffer une poêle.
9. Verser un peu de pâte dans la poêle chaude.
10. Retourner la crêpe.
11. Mettre du sucre, de la confiture ou du chocolat dessus et manger !

❶ Ce document est :   *2 points*

❏ une recette de cuisine.

❏ une liste de courses.

❏ une règle du jeu.

❷ C'est pour combien de personnes ?   *2 points*

....

❸ On peut trouver ce document où ?   *2 points*

❏ Dans une cuisine.

❏ Dans une école.

❏ Dans un restaurant.

⋯➡

EXERCICE 3 6 points

C'est mercredi. Vous allez à la piscine avec deux camarades du collège. Répondez aux questions.

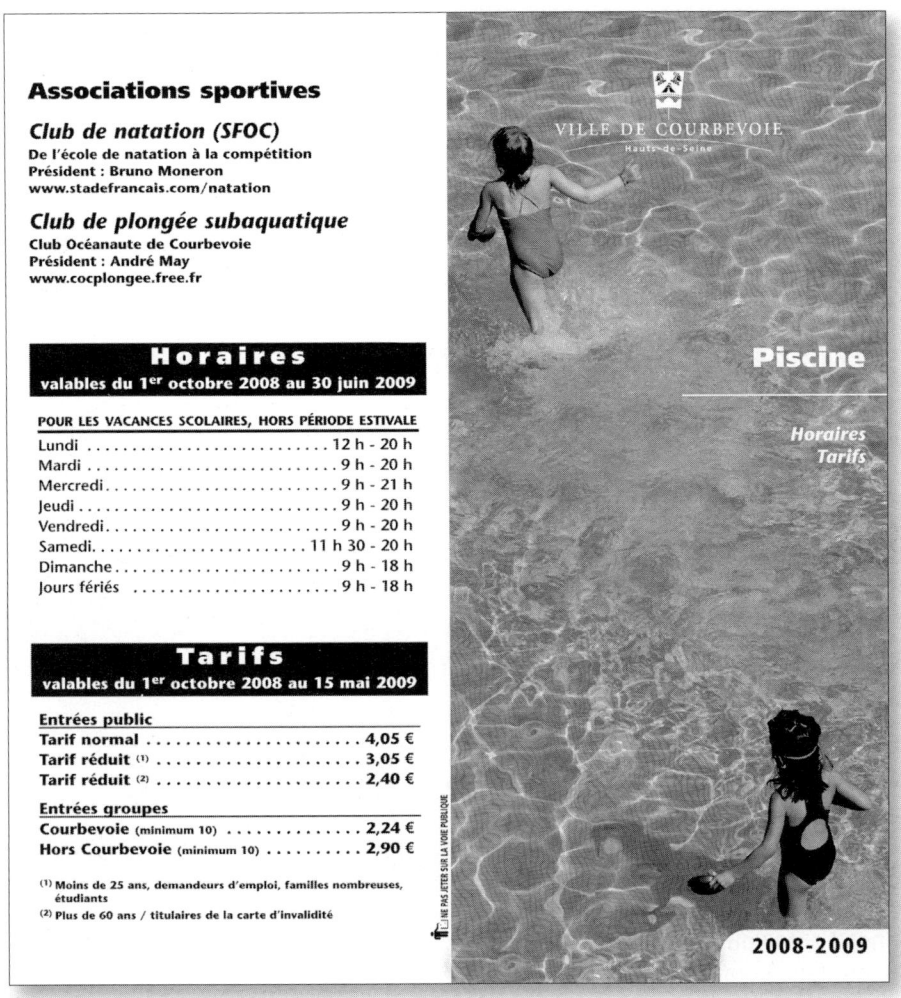

❶ Quel sport peut-on pratiquer en club ? *2 points*

❏ L'aquagym.

❏ Le waterpolo.

❏ La plongée.

❷ À quelle heure ferme la piscine le mercredi ? *2 points*

....

❸ Vous avez 18 ans. Combien coûte votre entrée ? *2 points*

❏ 2,40 €.

❏ 3,05 €.

❏ 4,05 €.

EXERCICE 4 — *(7 points)*

Vous lisez cette publicité sur Internet. Répondez aux questions.

❶ Pour s'abonner, *l'actu* vous offre **deux** possibilités. Lesquelles ? *4 points*
Cochez (☒) les deux bonnes réponses.

❑ Écrire.

❑ Téléphoner.

❑ S'inscrire sur Internet.

❑ Envoyer un fax.

❑ Aller chez le marchand de journaux.

❷ Pour qui est ce magazine ? *1 point*

❑ Les enfants de moins de 12 ans.

❑ Les adolescents.

❑ Les adultes.

❸ Combien coûte l'abonnement ? *2 points*

....➡

 **Production écrite**

25 points

EXERCICE 1 **10 points**

Vous êtes intéressé(e) par le magazine *l'actu*. Complétez cette demande d'abonnement.

Fichier Edition Affichage Favoris Outils ?

Précédente ▼ | Rechercher Favoris Média | | |

Adresse http://www.playbac-presse.com - Inscription - NUMERICABLE ▼ → OK Liens »

Abonnement à **l'actu** (200 n° = **84 €**)

Inscription   confirmation   paiement

Nom de l'enfant* Taillieu

Prénom de l'enfant*

Adresse

Ville

Pays

Téléphone

Âge

Sexe

Date de naissance de l'enfant* ☐☐ / ☐☐ / ☐☐☐☐

Langue(s)

Son sport préféré

Continuer

🖳 Démarrer | | Bienvenue sur les pages... | «

■ EXERCICE 2 (15 points)

Vous proposez à un ami francophone une sortie au cinéma. Vous précisez le film, la date, l'heure et le lieu du rendez-vous.

40 à 50 mots

⊠ **Nouveau Message**   _ ▢ ✕

| Ficher | Édition | Affichage | Insertion | Format | Outil | Messsage | ? |

⊠ Envoyer   🖫 Enregistrer   📄 Imprimer   ◈ Joindre   ◇ Contacts

De :   francomania@yahoo.fr

Copie :

Objet :

Nombre de mots : ....

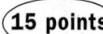

 # Production orale

25 points

L'épreuve se déroule en trois parties : un entretien dirigé, un échange d'informations et un dialogue simulé (ou jeu de rôle).
Elle dure de 5 à 7 minutes.
Vous disposez en outre de 10 minutes de préparation pour les parties 2 et 3.

10 minutes de préparation

5 à 7 minutes de passation

1 ENTRETIEN DIRIGÉ (1re PARTIE) - *1 minute environ*

Vous répondez aux questions de l'examinateur sur vous-même, votre famille, vos goûts ou vos activités (exemples : comment vous vous appelez ? quelle est votre nationalité ?...)

2 ÉCHANGE D'INFORMATIONS (2e PARTIE) - *2 minutes environ*

À partir des cartes sur lesquelles figurent des mots clés, vous posez des questions à l'examinateur.

Adresse ?	Études ?	Maison ?	Jeu ?	Cinéma ?

Montagne ?	Grand-mère ?	Internet ?	Livres ?

3 DIALOGUE SIMULÉ ou JEU DE RÔLE (3e PARTIE) - *2 minutes environ*

Vous choisissez un des deux sujets suivants. Vous jouerez la situation avec l'examinateur.

> **SUJET 1**

Vous êtes dans un magasin de sport. Vous choisissez un article. Vous vous renseignez sur la taille et la couleur. Vous demandez le prix et vous achetez. Pour payer, vous disposez de pièces de monnaie et de billets fictifs (voir page 128).
Vous montrez que vous êtes capable de saluer et d'utiliser des formules de politesse.

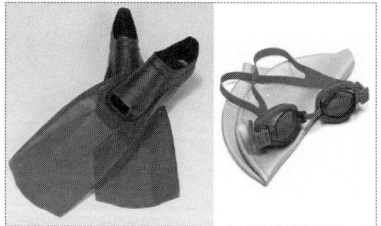

▶ SUJET 2

Vous êtes dans un magasin d'alimentation. Vous choisissez un ou plusieurs produits. Vous vous renseignez sur les prix et vous achetez. Pour payer, vous disposez de pièces de monnaie et de billets fictifs.

Vous montrez que vous êtes capable de saluer et d'utiliser des formules de politesse.